초등
질문의 힘

한 그루의 나무가 모여 푸른 숲을 이루듯이
청림의 책들은 삶을 풍요롭게 합니다.

아이의 깊은 사고를 끌어내는 **엄마의 좋은 질문 100**

초등 질문의 힘

이지연 지음

• 서문 •

생각의 힘이 중요한 미래,
스스로 생각하는 아이로 키워야 한다

 아이를 키우다 보면 아이 교육을 위해 신경 써야 할 게 한두 가지가 아닙니다. 한글, 연산, 가정 방문 학습지, 예체능 교육 등 시기별로 해야 할 게 참 많습니다. 엄마들은 아이의 교육 시기를 놓치면 큰일이 나는 것처럼 불안해하죠. 저도 부모인지라 아이가 어렸을 때는 이런 정보들에 솔깃했습니다. 그런데 문득 이런 생각이 들더라고요.

'이런 교육이 아이에게 어떤 도움을 줄까?'
'이렇게 교육시키면 다 성공할까?'
'이렇게 교육을 받은 아이는 행복할까?'

저는 명확한 답을 찾지 못했습니다. 지난 15년 동안 대치동에서 아이들을 교육하면서 이런 교육을 받고 있거나 이미 받은 아이들을 수없이 보았지만, 오히려 그 효과에 대한 의심만 들었기 때문이죠.

'어떤 교육이 아이에게 도움이 될까?'
'아이가 즐겁게 배우고 보람을 느끼려면 어떤 교육이 좋을까?'
'아이가 무언가를 배우면서 자신의 재능을 찾고, 그 재능을 스스로 발전시킬 수 있으려면, 부모가 어떻게 해줘야 할까?'

저는 계속해서 교육 방법에 질문을 던졌고, 그 덕분에 숨겨져 있던 비밀 하나를 찾았습니다. 남과 똑같은 교육을 받아도 뭔가 남다른 아이, 뭘 해도 잘하는 아이, 배우는 것을 즐거워하는 아이에게는 바로 자기 자신이 있었습니다. 즉, '자신만의 색'을 갖고 있었습니다.

나만의 색이 있다는 것은 '주체적인 아이'란 의미와 같습니다. 누군가가 만들어둔 세상에 갇혀 수동적으로 목적 없이 살지 않습니다. 자신이 목표를 정하고, 목표를 이루려고 노력합니다. 그것이 남들과는 뭔가 다른 아이의 비밀이었던 것이죠.

질문하고 생각하기가 답이다

　자신만의 색을 만들기 위한 시작은 생각입니다. 그리고 생각은 질문으로부터 나옵니다. 질문하고 생각하기를 반복하면 자신만의 생각을 만들 수 있습니다. 자신만의 생각을 만든 후 그것을 말이나 글, 행동 등 보이는 것으로 표현했을 때 비로소 자신만의 색으로 나타납니다. 그래서 자신만의 색을 만들기 전에, 자신만의 생각을 만드는 것이 매우 중요합니다.

　언젠가 텔레비전에서 선진국 아이들의 수업 과정을 소개하는 다큐멘터리를 본 적이 있습니다. 그들의 수업 시간을 보면, 아이들은 친구들 혹은 선생님과 질문을 주고받으며 주제에 대해 진지하게 생각하고 자신의 생각을 조금씩 만들어갑니다. 맞는 답인지 틀린 답인지는 중요하지 않습니다. 주제에 대해 이런저런 생각을 해보는 과정이 중요한 것이죠. 스스로 배움의 주체가 되어서요.

　아르헨티나의 국립도서관장이며 작가인 알베르토 망겔은 『왜?』(위즈덤하우스)에서 자신의 유년기를 돌아보며 질문의 중요성에 대해 말했습니다.

　텔아비브에서 보낸 내 유년기는 대부분 침묵으로 점철된 시기였다. 나는 거의 질문을 하지 않았다. 내가 호기심이 없었던 것은 아니다. (중략) 가정 교사 선생님은 모든 질문에 신중하게 답을 했다. 내가 보기에, 쓸데없이 긴 시간 뜸을 들인 다음 나오는 대답들은 늘 짧고 사실에 근거한 것들이어서, 더 이상의 논쟁이나 토론이 불가능했다. (중략) 왜 밤은 그토록 어둡고 낮은 그토록 밝은지 알고 싶어 하는 내게 그녀는 종이에 점선으로 원을 여러 개 그려줬다. 태양계를 그렇게 그려놓은 다음 내게 행성들의 이름을 모두 외우라고 했다. 선생님은 답을 거부한 적도 없지만, 더 이상의 질문을 장려한 적도 없었다.

어느 날 역사 선생님이 새로 부임하셨는데, 그는 가정 교사 선생님의 수업 방식과 큰 차이가 있었다고 합니다. 망겔은 역사 선생님 덕분에 질문의 진정한 가치를 알게 되었죠. 선생님은 수업이 시작되면 늘 아이들에게 알고 싶은 것은 무엇이든 물어보게 했고, 망겔은 그 '질문 시간' 덕분에 무한한 호기심을 충족시킬 수 있었다고 합니다. 반드시 답을 내지 않아도 될 뿐만 아니라 '자유롭고 가슴 뛰는 탐험' 같은 질문을 경험한 망겔은 아이들에게도 그런 경험이 반드시 필요하다고 강조합니다. 망겔의 이야기처럼 질문은 아이들의 호기심을 자극하고 그 호기심을 스스로 해결하게 하는, 즉 주체적으로 생각하고 행동하게 하는 핵심 열쇠입니다.

자신만의 색, 자신만의 생각이 경쟁력이다

세계 여러 나라의 학교들도 정보 습득이 목표인 과거의 교육 방식에서 탈피해 '질문하고 생각하는 인재'로 키우기 위한 교육으로 체질을 바꾸고 있습니다. 우리나라 초등 교과서를 살펴봐도 아이의 생각을 묻는 질문도 많아졌고, 친구들과 생각을 주고받으며 협업해야 하는 모둠 활동도 많아졌습니다. 특목고나 자사고(자율형 사립 고등학교) 입학 면접 문항에서도 자신만의 생각을 가진 인재를 선발하려는 의도를 찾아볼 수 있습니다.

제시문: 김현승 〈행복의 얼굴〉
제시된 시를 해석해보세요.
화자의 관점에 대한 나의 생각을 말해보세요.
(2019 민사고, 독서 문항)

경복궁 앞마당에 깔려 있는 크기와 모양이 다양한 돌과 다양한 악기 연주자들로 구성되어 있는 오케스트라의 예를 들어 지원자의 중학교 시기의 활동 모임(학습, 동아리 등)에서 구성원들이 어떤 점에서 다양했고 그것들의 조화를 위해 노력한 사례를 말하라.
(2018 한성과학고, 공통 문항)

> 현대인은 가치관의 혼란 속에서 살고 있다. 현대 사회에서 가장 요구되는 가치나 덕목은 무엇인지 말하고 그 이유에 대해 지원자의 생각을 말해보시오.
>
> (2015 외대부고, 국제 과정 면접 문제)

> 행복, 통증, 언론의 자유 중 하나를 선택하여 숫자로 표현할 수 있는 방법을 3분 내외로 설명하시오.
>
> (2019 하나고, 공통 문항)

면접 질문들은 대체로 아이가 얼마나 많은 지식을 갖고 있는지를 평가하는 것이 목적이 아닙니다. '아이의 생각'을 물어보는 질문들이죠. 평소 다양한 주제에 대해 꾸준히 사고하지 않는 아이라면 쉽게 답할 수 없을 겁니다.

그렇습니다. 이제는 생각하지 않으면 안 됩니다. 스스로 자신에게 질문하고 생각하며 자신만의 것을 만들어가야 합니다. 그것들이 조금씩 쌓이고 모여서 아이의 색을 만들어줄 뿐만 아니라 경쟁력을 가지는 데 도움이 됩니다. 그러기 위해서는 천천히 그리고 꾸준히 생각하고 또 생각해야 합니다. 마치 운동으로 근력을 키우는 과정처럼 말이죠. 운동을 할 때는 처음에는 가벼운 동작부터 시작하지만, 조금씩 운동의 강도를 높여가죠. 또 운동 후에는 여기저기 근육통으로 고생하지만, 이내 근력이 생겨 점차 더 어려운 운동도 가능하게 됩니다.

생각도 마찬가지입니다. 하루에 조금씩이라도 질문하고 생각하면, 어느새 생각하는 과정이 재미있고 어려운 사고도 할 수 있게 됩니다. 그렇게 자신만의 생각을 차곡차곡 쌓다 보면, 누구도 흉내 낼 수 없는 아이만의 것, 아이만의 색이 저절로 만들어질 것입니다.

이 책은 질문으로 생각을 키우고 발전시킨 아이들의 사례를 많이 담고 있습니다. 또한 스스로 질문할 수 있는 아이로 키우는 데 꼭 필요한 정보들도 찾아볼 수 있습니다. 아이의 생각을 자극하는 좋은 질문이 무엇인지, 스스로 질문하는 아이는 무엇이 다른지, 부모가 아이에게 할 수 있는 효과적인 질문들은 무엇인지 등, 구체적인 방법들도 제시하고 있습니다.

우리 아이가 스스로 질문하고 생각할 수 있는 아이로 자라기를 바라는 부모님들께, 또 아이가 자신만의 색을 갖기를 바라는 부모님들께 도움이 되었으면 합니다.

• 차례 •

서문 생각의 힘이 중요한 미래, 스스로 생각하는 아이로 키워야 한다 4

 1장 스스로 생각하는 아이, 무엇이 다를까

스스로 생각하는 아이는 스스로 길을 찾는다 19
우리 아이는 생각하고 있을까 22 | 내 생각은 조금 달라 23

스스로 생각하는 아이는 자기 자신을 잘 안다 27
나만의 방식을 찾았어 28 | 내가 좋아하고 진짜로 하고 싶은 것 29

스스로 생각하는 아이는 ?를 !로 만든다 32
궁금한 건 못 참아 33 | 달라서 더 궁금해 35 | 탐구는 재미있어 37

스스로 생각하는 아이는 아이디어가 생긴다 39
무엇이든 해결할 수 있어 40 | 상상도 현실이 될 수 있어 42 | 내 아이디어는 특별해 43

스스로 생각하는 아이는 질문으로 통(統)하고 질문으로 합(合)한다 45
질문해야 정보를 얻을 수 있어 47 | 내 생각을 구체화해야 해 50

스스로 생각하는 아이는 큰 세상의 주인이다 52
세상의 크기는 내가 정해 56

스스로 생각하는 아이는 자신의 재능을 찾는다 58
누구나 재능을 갖고 있어 60 | 행동이 차이를 만들어줄 거야 61

좋은 질문으로 아이의 생각을 키운다

부모의 질문을 점검하는 시간 67
답정너식 질문은 안 돼요 68 | 틀려도 괜찮아 70 | 다양한 답이 있는 열린 질문 72 | 똑똑한 질문이 똑똑한 아이를 만든다 74 | 다름을 인정할 것 76

좋은 질문이 아이의 생각을 만든다 80
정답보다 질문의 의미가 중요해 81 | 질문은 이정표다 84

질문의 깊이가 달라지면 생각의 질이 달라진다 86
1단계. 호기심을 자극하는 질문 89 | 2단계. 호기심을 해결하는 질문 91 | 3단계. 나로 향하는 질문 92

좋은 질문이 문제 해결의 핵심이다 94
질문하는 습관을 길러야 해 95 | 한 번 더 의심하는 습관 96

좋은 질문이 부모와 아이의 메타 인지를 깨운다 100
나를 객관적으로 알게 되는 메타 인지 104 | 아이는 부모와 함께 성장한다 106

좋은 질문을 이끄는 생활 속 학습 도구들 108
시각과 언어를 활용하는 그림책 109 | 현실을 들여다보는 눈을 길러주는 고전 문학 111 | 개념과 원리를 익히는 기초 지식 창고, 비문학 113 | 공감을 위한 첫걸음, 예술 작품 감상 114

3장 관찰하고 상상하고 표현하기 좋은 그림책 질문법

작은 것도 놓치지 않는 관찰력을 키우는 질문 119
일상의 새로움을 발견하는 관찰 활동 124 | **관찰 질문1.** 동화적 상상을 뛰어넘기 127 | **관찰 질문2.** 자연의 원리를 파헤치기 132 | **관찰 질문3.** 지도를 펼쳐 세상을 탐험하기 134

한계를 뛰어넘는 상상력을 키우는 질문 137
상상 질문1. 감각을 다채롭게 활용해 상상하기 140 | **상상 질문2.** 상상한 것을 이야기로 연결지어보기 141 | **상상 질문3.** 상상 속 이야기를 현실로 만들기 144 | **상상 질문4.** 오감으로 상상하게 하는 질문 145 | **상상 질문5.** '만약에'라는 질문으로 한계를 뛰어넘기 150

자신의 생각과 감정을 마음껏 표현하게 이끄는 질문 152
표현 질문1. 비유와 상징으로 생각을 표현하기 155 | **표현 질문2.** 자기 생각을 구체적으로 표현하기 158

4장 공감하고 비교하고 성찰하는 고전 문학 질문법

타인의 행동과 감정을 이해하도록 이끄는 질문 167
공감하며 읽기 171 | **공감 질문1.** 인물의 행동으로 특징을 파악하기 174

| **공감 질문2.** 인물의 감정을 느껴보기 180 | **공감 질문3.** 성장 소설로 공감력 키우기 182

과거와 현재를 들여다보게 하는 질문 185
비교 질문1. 소설의 주제와 배경 이해하기 187 | **비교 질문2.** 가치관의 차이에 대해 질문하기 191 | **비교 질문3.** 시대를 대변하는 캐릭터를 통해 질문하기 192

자신의 내면을 들여다보게 하는 질문 196
성찰 질문1. 자신을 대입해 해석하고 질문하기 197 | **성찰 질문2.** 현대적 시각으로 재해석해보기 202

5장 탐구하고 비판하고 문제 해결력을 키우는 비문학 질문법

호기심을 자극하고 탐구하게 이끄는 질문 209
낯선 것에 의문을 갖게 만드는 힘 213 | 사실과 지식을 검증하는 힘 214 | '답'보다 '과정' 217 | **탐구 질문1.** 세상에 관심을 갖게 만들기 220 | **탐구 질문2.** 일상 속 주제로 탐구하기 221 | **탐구 질문3.** 책의 차례를 이용해 질문하기 223 | **탐구 질문4.** 끊임없이 '왜?'라고 물으며 호기심 해결하기 223 | 책의 차례를 이용해 호기심을 유발하고, 탐구로 이어지게 하는 질문 만들기 226

비판적으로 생각하게 이끄는 질문 229
비판 질문1. 당연하다고 생각되는 것에 질문하기 233 | **비판 질문2.** 세

상을 이해하고 판단하기 위한 질문들 235

문제 해결력을 키우는 질문 238
스스로 문제를 발견하는 단계별 질문 242 | 다양한 주제로 질문 만들어보기 244

6장 감상하고 표현하고 숨은 생각을 키우는 예술 작품 질문법

예술 작품에 깃든 시대성을 읽게 하는 질문 251
감상은 예술가와의 소통이다 252 | **감상 질문1**. 그림 속 인물과 상황에 대해 질문하기 260 | **감상 질문2**. 건축물로 질문하기 263

작가의 숨은 생각을 새롭게 표현하는 질문 266
표현 질문1. 작가의 생각과 감정 읽기 272 | **표현 질문2**. 신화를 상상하고 표현하는 연습 274 | **표현 질문3**. 추상 작품을 자유롭게 해석하기 276 | **표현 질문4**. 보이지 않는 것을 느끼고 설명하기 278 | **표현 질문5**. 자화상에서 인물을 읽어내기 279

자신도 몰랐던 예술성을 키우는 질문 282
반전 질문1. 사물을 다르게 보기 286 | **반전 질문2**. 보이지 않는 것을 발견하기 288

부록 스스로 생각하는 아이를 위한 추천 도서 292

1장

스스로 생각하는 아이, 무엇이 다를까

'생각하기'의 중요성이 점점 더 커지고 있습니다. 그래서 부모들은 자녀가 유아일 때부터 각종 사고력 학습지를 경험하게 하고, 초등학교 입학과 동시에 수많은 사고력 학원들을 통해 생각하는 힘을 기를 수 있게 애씁니다. 아이들을 가르치면서 그런 훈련을 받은 아이들을 여럿 보았습니다. 그러나 그중에는 간단한 질문에도 자신의 생각을 말하지 못하는 아이들이 많았습니다. 반면, 사고력 학습을 하기보다 친구들과 신나게 놀고 자신이 좋아하는 취미를 즐기는 아이가 오히려 생각이나 표현을 더 잘하는 경우도 있었죠. 왜일까요?

도대체 생각한다는 것은 무엇이며, 무엇이 생각을 잘하게 만드는 걸까요? 또 생각을 잘하는 아이는 무엇이 다를까요?

> ## 스스로 생각하는 아이는
> ## 스스로 길을 찾는다

동진이는 책상에 앉아 한숨만 푹푹 쉬고 있습니다. 내일까지 써야 하는 독후 감상문 때문입니다. 독후 감상문으로 쓸 책을 고르지 못해 고민하고 있었던 것입니다.

"어휴, 어떤 책으로 쓰지?"

동진이에게 물었습니다.

"최근에 읽은 책 중에서 어떤 책이 제일 기억에 남아?"

"기억나는 책이 없어요. 내가 뭘 읽었더라?"

"잘 생각해봐. 최근에 읽은 책이라면 그나마 기억이 조금 생생하지 않아?"

"최근에 내가 읽은 게…."

동진이는 쉽게 답하지 못했습니다. 책을 많이 읽는 아이인데도, 자신이 읽은 책을 한 권도 기억하지 못하는 이유가 무엇일까요? 다행히 동진이와 같은 반 친구인 유진이는 독후 감상문으로 쓸 책 한 권을 가져왔습니다. 저는 유진이에게 물었습니다.

"왜 이 책을 골랐어?"

"재미있어서요."

유진이가 좀 더 쉽게 생각할 수 있도록 구체적으로 질문했습니다.

"뭐가 재미있었어? 책 내용이? 아니면, 어떤 장면이?"

"헤헤, 그냥 재미있었어요."

유진이는 무엇이 재미있었는지 생각나지 않아 멋쩍은 웃음을 지었습니다. 분명히 다른 책들보다 재미있어서 고른 책일 텐데, 그 이유를 왜 말하지 못할까요? 조금 더 구체적인 상황을 예로 들어보겠습니다.

열 살 동호는 소위 말하는 '요즘 아이' 같지 않습니다. 유행하는 게임도 하지 않고, 유튜브도 보지 않습니다. 슈퍼 히어로 영화에도 관심이 없고요. 동호는 심심할 때면 언제나 책을 읽습니다. 동호가 쓴 독후 감상문에는 유독 동호의 바르고 착한 성향이 잘 드러나 있습니다. 또 착한 사람과 나쁜 사람이 구분되어 있고, 늘 '착하게 살아야 한다'는 내용으로 끝을 맺습니다. 저는 동호가 쓴 글을 읽다가 물었습니다.

"동호야, 너는 '선'이 뭐라고 생각해? 착하다는 건 뭘까?"

동호는 갑작스러운 질문에 잠시 생각하더니 대답했습니다.

"도둑질이나 거짓말을 하지 않는 거요."

"또 다른 건?"

동호는 잠시 생각하다 이렇게 말했습니다.

"남을 도와주거나 배려하는 거요."

이번엔 반대로 질문해봤습니다.

"그럼 동호가 생각하는 '악'은 뭐야? 어떤 걸 '악'이라고 생각해?"

"욕심을 부리는 거요."

첫 질문보다 빨리 답했습니다.

"또?"

"도둑질하고 폭력을 쓰는 거요. 그리고, 남을 시기하고 질투하는 것도요."

저는 동호에게 또 물었습니다.

"동호는 도둑질이나 거짓말을 하지 않고 남을 도와주고 배려하는 게 '선'이라고 생각하는구나. 근데 왜 그런 게 '선'이야?"

동호는 다소 놀란 표정을 지었습니다. 계속 눈을 굴리며 괴로운 듯 '음' 소리만 냈습니다. 저는 동호가 조금 더 자신의 생각에 접근할 수 있게 다시 물었습니다.

"남을 배려하기 위해 나선 일이 만약 좋지 않은 결과로 이어졌다면 그건 '악'일까? 예를 들어 동호가 친구를 돕기 위해서 한 일이 오히려 친구를 곤란하게 했다면, 동호는 나쁜 아이일까?"

제 질문에 동호는 오히려 생각이 더 복잡해진 것 같았습니다. 마구 얽혀서 풀지 못하는 실타래처럼, 생각이 온통 뒤죽박죽돼버렸죠.

우리 아이는 생각하고 있을까

많은 사람들은 습관적으로 늘 생각하던 대로 생각할 때가 많습니다. 그중에는 관념이나 편견에 사로잡힌 것들도 있습니다. 또 남의 생각을 내 생각이라고 착각하는 경우도 있죠. 누구나 하루에도 수없이 많은 생각을 합니다. 그 생각들 중에는 자신의 진짜 생각이 아니라 근거 없는 가짜 생각들도 있습니다.

진짜 내 생각은 어떻게 찾을 수 있을까요? 아주 쉽습니다. 질문하면 됩니다. 내 생각을 찾아야 하니, 나에게 질문하면 됩니다.

'이 책이 재미있는데, 왜 재미있지?'
'캐릭터의 행동이 웃겨서인가?'
'상상할 수 있어서인가?'
'반전이 있어서인가?'

'가족 여행이 정말 즐거웠는데, 왜 즐거웠지?'
'엄마 아빠와 함께 실컷 놀아서인가?'

'학원에 안 가서일까?'
'내가 보고 싶었던 것들을 봐서일까?'

자신에게 계속 질문하면, 어느새 아이는 무언가를 찾게 됩니다.

'아, 반전이 있어서 이야기가 재미있었구나! 나는 내가 가진 생각을 뒤집는 짜릿함을 좋아하는 거야!'
'나는 문제를 해결해주는 멋진 영웅이 좋아. 그래서 슈퍼 히어로가 등장인물로 나오는 책을 좋아하는구나!'
'아빠는 항상 바빠서 나랑 못 놀아줬어. 그런데 여행을 가면 아빠랑 실컷 놀 수 있어. 그래서 내가 여행 가는 걸 좋아했었구나!'

질문은 호미질과 같습니다. 호미질로 갯벌 곳곳에 숨겨진 조개들을 캐내듯이, 질문으로 생각의 땅에 호미질을 하는 거죠. 한 곳만 파면 안 됩니다. 여기저기 돌아다니며 호미질을 하다 보면, 곳곳에 숨겨진 자신만의 생각들을 찾을 수 있습니다.

내 생각은 조금 달라

전래 동화 『개와 고양이』를 통해 평범한 생각과 자신만의 생각에 어떤 차이가 있는지 알아보겠습니다.『개와 고양이』는 자식이 없는 할머니와 할아버지가 자식처럼 사랑하며 키우는 개와 고양이 이야기입니다.

어느 날 할아버지가 낚시를 하다가 잉어를 잡았는데, 울고 있는 잉어의 모습이 안쓰러워 잉어를 살려줬습니다. 잉어는 자신을 살려준 보답으로 할아버지께 마법의 푸른 구슬을 전해줍니다. 할아버지와 할머니는 푸른 구슬 때문에 부자가 됐습니다. 하지만 구슬을 탐낸 방물장수가 잔꾀로 할머니의 구슬을 훔쳐가고 두 사람은 다시 가난해졌습니다.

개와 고양이는 할머니의 사랑에 보답하기 위해 방물장수의 집으로 쫓아가 구슬을 찾아내어 집으로 향합니다. 강을 건너게 되자 고양이가 구슬을 입에 물고 개의 등에 올랐습니다. 개는 고양이를 등에 태운 채 강을 헤엄쳐 건너기 시작했습니다. 강 한가운데에 이르렀을 때, 강아지는 등에 탄 고양이에게 구슬을 잘 가지고 있느냐고 물었습니다. 고양이는 대답을 하려다 입에 물고 있던 구슬을 강에 빠뜨립니다.

슬픔에 빠진 고양이는 강가를 거닐다 우연히 죽은 물고기의 배에서 구슬을 발견합니다. 고양이는 구슬을 할머니께 가져다드리고, 할아버지와 할머니는 다시 부자가 됐습니다. 그 일이 있고 나서 고양이는 할아버지와 할머니의 사랑을 받으며 집 안에서 지내고, 강아지는 집 밖에서 지내게 되었다는 이야기죠. 이 이야기를 읽고 나서

두 아이에게 질문했습니다.

"할아버지와 할머니는 개와 고양이를 정말 가족처럼 사랑했을까?"

한 아이가 제 질문을 듣고는 책을 뒤적거리다 답했습니다.

"네! 책 앞부분에 할아버지와 할머니는 자식이 없어서 개와 고양이를 자식처럼 사랑했다고 쓰여 있어요. 가족이면 당연히 사랑하는 것 아닌가요?"

다른 아이가 답했습니다.

"저는 할머니와 할아버지가 개와 고양이를 사랑하지 않은 것 같아요. 물론 개가 강을 건널 때 구슬을 물고 있는 고양이에게 말을 시킨 건 실수예요. 그런데 고양이가 구슬을 찾아왔다는 이유로 할아버지랑 할머니는 고양이만 예뻐하잖아요. 그건 사랑하는 게 아니라고 생각해요. 할머니와 할아버지가 사랑한 건 구슬이었던 거예요."

같은 책을 읽고 이렇게 두 아이는 각각 다른 대답을 했습니다. 과연 두 아이는 모두 제 질문을 듣고 스스로 생각하고 말했을까요? 첫째 아이는 할머니와 할아버지는 개와 고양이를 자식처럼 사랑했다는 책의 내용을 그대로 옮기듯이 대답했습니다. 가짜 생각인 것이죠. 반면 둘째 아이는 제 질문에 혼자 이렇게 중얼거렸습니다.

"할머니랑 할아버지는 한 자식을 왜 집 밖으로 내쫓았지? 어떻게 부자로 만들어준 자식만 좋아할 수 있지? 자식은 다 똑같이 사랑해야 하지 않나? 우리 엄마는 동생이랑 나를 다 똑같이 좋아하는데 말야. 장난감을 사주실 때도 공평하게 사주시지."

자신의 경험을 떠올리며 '부모가 자식을 사랑한다는 건 무엇일까?'에 대해 스스로 질문하고 자신만의 생각을 만들어간 것입니다.

질문이나 정보가 한 사람의 머릿속에 들어오면, 그 사람이 갖고 있는 경험이나 가치관에 의해 걸러지고 모아져 자신만의 생각이 만들어집니다. 사람마다 경험과 가치관이 다르기 때문에 각각의 생각도 당연히 다를 것입니다. 따라서 생각을 표현하는 일은 자신이 어떤 경험을 했는지, 어떤 가치관을 가지고 있는지를 드러내는 것과 같습니다. 한마디로 '나를 표현하는 것'이죠.

말과 행동처럼 아이가 표현하는 모든 것을 통해 어떤 생각을 가진 아이인지 파악할 수 있다는 의미입니다. 그런 만큼 아이의 지적 성장을 키워주는 것도 중요하지만, 많이 질문하고 생각하며 자신만의 가치관을 갖게 해주는 것이 매우 중요합니다.

스스로 생각하는 아이는 자기 자신을 잘 안다

요즘 아이들 참 바쁩니다. 마음놓고 놀이터에서 친구들과 놀 시간도 없고요. 필수적인 영어, 수학 학원에 예체능 활동을 몇 개만 해도 아이의 일주일 스케줄이 꽉 차버립니다. 무언가에 대해 골똘히 생각하는 시간이 필요한 초등 시기에 영어 단어 하나라도 더 외우고 어려운 수학 문제를 풀어야 하는 것이 현실이죠. 그러다 보니 대부분의 아이들은 자신이 좋아하는 것에 대해 깊이 생각해볼 기회가 많지 않습니다. 좋으면 그냥 좋고, 싫으면 그냥 싫은 것으로 끝나버리죠. 왜 좋고 왜 싫은지는 누군가가 물어보지 않으면 생각하지 않습니다. 그러다 보니 아이들은 생각을 쉽게 바꿔버리기도 합니다. 하루에도 몇 번씩 이랬다 저랬다 하며, 무엇 하나 집중해서 실행할 수도 없습니다.

나만의 방식을 찾았어

그림 그리기를 좋아하는 열두 살 서원이가 가방에서 무언가를 꺼내 저에게 보여줬습니다. 작은 드로잉북이었죠. 평소에 그림을 얼마나 많이 그리는지 드로잉북 모서리에 손때가 잔뜩 묻어 있었습니다. 서원이는 자신의 그림들을 제게 한 장 한 장 보여주며 말했습니다.

"선생님, 저는 요즘 심심할 때마다 그림을 그리는데요. 이것들이 요즘 그리는 그림 스타일이에요."

그러고는 저를 빤히 바라보며 말을 이었습니다.

"제가 한동안 태블릿으로만 그림을 그렸잖아요. 그래서 저는 제가 종이에 그림을 그리는 것보다 태블릿에 그리는 걸 더 좋아하는 줄 알았거든요. 그런데 오랜만에 종이에 연필로 그림을 그려보고 싶더라고요. 다 그리고 나니까, 연필로 그린 그림이 무척 마음에 들었어요. 그래서 제가 연필로 그린 그림을 좋아한다는 걸 다시 한번 알게 됐어요. 연필로 종이에 그림을 그릴 때 느껴지는 사각거림도 좋고, 태블릿에 그릴 때보다 그림이 더 감성적인 느낌이 나서 좋아요. 선생님도 아시잖아요. 제가 감성이 풍부한 19세기 소설이랑 그림들을 좋아한다는 걸요. 그래서 제가 좋아하는 19세기 명화 몇 장을 제 스타일로 바꿔서 그려봤는데 어때요?"

서원이의 말처럼 태블릿으로 그리는 그림만 잘 그리는 줄 알았는데 연필로 그린 그림들도 꽤 멋졌습니다. 저는 서원이가 그린 그림을 보며 칭찬해줬습니다.

"와, 정말 연필로 그린 그림들이 느낌이 더 좋네!"

"선생님, 그런데 이렇게 여러 가지 스타일로 그림을 그려도 돼요? 꼭 한 가지 스타일로 그리지 않아도 되죠? 다양한 방법으로 그리다 보면 제 스타일을 찾을 수 있겠죠? 이렇게 그리는 것도, 저렇게 그리는 것도 좋아서, 한 가지로만 그릴 수가 없어요."

서원이가 쏟아내는 질문들을 들어보니, 서원이가 그동안 자신의 그림에 대해 얼마나 많이 생각했는지 알 수 있었습니다. 서원이는 이미 자신에게 수많은 질문을 했을 것입니다.

'이렇게 여러 가지 스타일로 그려도 될까?'

'너무 다양한 스타일로 그리면 내 스타일이 없어지지는 않을까?'

'종이에 연필로 그린 그림이 왜 좋지?'

'태블릿으로 그리는 것과 종이에 연필로 그리는 것이 뭐가 다르지?'

'나는 왜 그림 그리기를 좋아할까?'

'나는 어떤 그림 스타일에 매력을 느낄까?'

내가 좋아하고 진짜로 하고 싶은 것

열 살 준후가 책 한 권을 제게 들이밀며 말했습니다.

"선생님, 이게 제가 요즘 푹 빠져 있는 책이에요! 이해가 안 되는 부분도 있지만 재미있어요."

제목을 보니 아인슈타인에 관한 책이었습니다.

"그래? 어떤 내용인데?"

준후는 자기가 좋아하는 책에 대해 설명해달라는 말에 신이 나서 말했습니다.

"선생님, 블랙홀 아시죠?"

"응, 대강. 하지만 자세히 알지는 못해."

"아인슈타인이 블랙홀에 대해 이야기한 내용인데요. 블랙홀은 빛도 빨아들인대요. 굉장하죠? 아인슈타인이 살아 있을 때는 지금처럼 과학이 발전하지도 않았을 텐데, 어떻게 그런 연구를 할 수 있었을까요? 어떻게 보이지도 않는 우주를 상상할 수 있었을까요? 정말 천재 같아요."

신나서 이야기하는 준후의 모습이 신통하고 귀여워서 준후에게 물었습니다.

"그게 그렇게 재미있었어?"

"네!"

"내용이 굉장히 어려울 텐데, 준후는 읽을 때 안 어려웠어?"

"어려웠어요. 근데 제가 왜 이 책을 좋아하는지 아세요?"

"왜 좋아하는데?"

"신기하잖아요. 우주에 엄청나게 많은 별이 있는데, 블랙홀처럼 빛을 삼키는 것도 있고, 또 우리가 아직 발견 못 한 것들도 아주 많을 거 아니에요. 그런 것들이 있다고 상상하는 게 너무 재미있어요. 책을 읽다 보면, 책에 없는 우주도 상상하게 돼요. 우주 어딘가에는 우리 지구와 똑같은 행성도 있지 않을까요?"

신나게 말하는 준후의 얼굴을 보니, 준후는 머릿속에 상상의 그림을 끝없이 그리고 있는 것 같았습니다.

"전 상상하는 게 너무 재미있어요."

"왜?"

"상상으로는 뭐든지 다 가능하잖아요. 어쩌면 제가 아인슈타인처럼 상상한 것들이 정말 현실로 이루어질 수도 있고요. 아인슈타인 같은 과학자는 아니더라도 저도 어른이 되면 제가 상상하는 것들을 실제로 만들어보는 일을 하고 싶어요."

준후는 자신이 상상하기를 좋아한다는 사실을 잘 알고 있었습니다. 특히 상상을 하면 새롭고 멋진 것들이 머릿속에 가득 그려지기 때문에, 상상할 때를 가장 재미있어 했습니다.

서원이나 준후처럼 자신이 무엇을 좋아하고, 무엇을 하고 싶은지를 아는 아이들은 그것을 발전시키기 위해 능동적으로 행동합니다. 생각이 발전하다 보면 목표가 생기고, 목표가 생기면 노력하게 됩니다. 이렇게 작은 목표들을 하나둘 이루다 보면, 언젠가는 자신이 꿈꾸던 것들을 이룰 수 있지 않을까요?

스스로 생각하는 아이는 ?를 !로 만든다

사람들은 자신이 좋아하는 일이나 재미있다고 느끼는 일은 자꾸만 하고 싶어집니다. 게다가 어렵고 힘든 일이라도 그 일을 좋아하면 어려움을 극복하기 위해 스스로 노력하게 됩니다. 그 과정에서 자신은 한 단계 발전하게 됩니다. 왜 그럴까요? 어떤 것들이 우리를 능동적으로 움직이게 하고 발전할 수 있는 동력을 줄까요? 아이들도 그럴까요?

열한 살 윤하는 틈만 나면 전쟁 그림을 그립니다. 갑옷을 입은 군사가 성을 무너뜨리는 중세 전쟁의 한 장면뿐만 아니라 영화 〈스타워즈〉 같은 상상의 우주 전쟁도, 슈퍼 히어로들이 악당을 물리치는 장면도 그리기를 좋아하죠. 전쟁이라면 시대와 매체를 가리지 않는 최대 관심사입니다. 그런 윤하에게 영화만큼 흥미진진한 포에니 전쟁에 대해 들려줬습니다.

궁금한 건 못 참아

  포에니 전쟁은 기원전 3세기 초, 지중해를 차지하기 위해 로마와 카르타고가 벌인 전쟁입니다. 우리에게는 3차에 걸친 전쟁 중 한니발 전쟁이라고 불리는 2차 전쟁이 가장 잘 알려져 있죠. 카르타고의 한니발 장군이 10만 명이 넘는 군사와 몇십 마리의 거대한 코끼리를 이끌고 눈 덮인 알프스 산맥을 넘어 로마로 가서 로마군을 격파한 이야기를 해줬습니다. 입을 다물지 못하고 듣던 윤하는 잠시 생각하더니 곧 질문을 쏟아냈습니다.

  "한니발 장군이 어떻게 알프스 산맥을 넘을 생각을 했을까요?"

  "왜 그 방법이 좋은 전략이라고 생각했을까요?"

  "그 높은 산맥을 넘는 방법밖에는 없었을까요?"

  "반대하는 사람은 없었을까요?"

  "제가 한니발 장군이었다면 어떤 전략을 세웠을까요? 저도 같은 방법으로 했을까요?"

  "로마의 장군 스키피오는 한니발 장군의 전략을 전혀 눈치채지 못했을까요?"

윤하에게 지금까지의 전쟁은 그저 누군가는 이기고 누군가는 지는 이야기에 불과했습니다. 그리고 윤하가 전쟁을 좋아한 이유도 전쟁 영화에 등장하는 화려하고 멋진 무기들과 초능력자들의 개인기를 보는 재미 때문이었죠.

"포에니 전쟁 이야기는 영화 같아요. 영화보다 더 재미있어요. 다른 전쟁들도 다 전략이 있었겠죠?"

"전략은 장군 혼자 세우나요?"

"전략이 실패하면 다른 전략을 또 세우겠죠? 아니면, 처음부터 여러 전략을 세워둬야 할까요?"

윤하는 역사 속 여러 전쟁 이야기들을 더 듣고 싶어 했습니다. 생각하면 할수록 궁금해진다면서요. 일주일 후 다시 만난 윤하는 놀랍게도 전쟁 박사가 돼 있었습니다. 서양사의 전쟁뿐만 아니라 우리 역사 속 굵직한 전쟁들에 대해서까지 공부를 했는지 저에게 줄줄이 이야기해주는 것이었습니다. 일주일 동안 전쟁에 관련된 다큐멘터리 영상을 반복해서 보고, 평소 같으면 들춰보지도 않았을 역사책을 자발적으로 읽어왔습니다. 주말에는 아빠와 전쟁에 대해 이야기를 나누기도 했다고 합니다. 특히 윤하의 어머니는 최근 달라진 윤하의 모습이 낯설지만 너무 좋다고 하십니다.

"윤하가 역사책을 읽다니, 너무 신기해요. 저도 모르는 내용들을 줄줄 이야기하더라고요. 아이가 이렇게 갑자기 바뀔 줄은 몰랐어요."

저는 윤하 어머니에게 윤하의 행동이 변할 수 있었던 것은 '스스로 질문하며 생각하는 재미'를 알게 됐기 때문이라고 알려드렸습니다.

달라서 더 궁금해

윤하보다 한 살 어린 열 살 준우는 판타지 소설을 좋아합니다. 준우의 엄마는 준우가 편독하는 것을 걱정했습니다.

"준우가 너무 판타지 소설만 읽어요. 이제 곧 3학년이 되는데, 다양한 분야의 책을 읽어야 되잖아요. 그런데 다른 분야에는 전혀 관심이 없어요. 책을 사줘도 거들떠보지도 않더라고요."

어느 날 준우와 고대의 왕에 관한 이야기를 하던 중이었습니다. 잠시 로마 공화정에 대해 소개해줬는데, 준우는 조금 이해가 되지 않는 듯 저에게 질문했습니다.

"왕을 쫓아낼 수도 있어요?"

"그럼 왕이 없는 나라예요?"

"왕이 없으면 누가 나라를 다스려요?"

"왕이 없으면 나라가 없어지는 거예요?"

"왕을 대신할 집정관을 뽑았다고 했는데, 왕이랑 뭐가 달라요?"

"아직도 그런 나라가 있어요?"

"대통령이나 왕이 없는 게 더 좋아요, 있는 게 더 좋아요?"

준우의 질문은 끝이 없었습니다. 그런 준우에게 나라를 다스리는 여러 방식들에 대해 설명해줬습니다. 권력을 독차지하기 위해 독재를 한 왕 이야기, 왕의 독재에 화가 난 국민들이 왕을 쫓아낸 이야기, 지도자의 독재를 막기 위해 등장한 여러 정치 방법들을 이야기해줬죠. 그리고 오늘날 세계 여러 나라 중에는 우리와 비슷한 정치 체계를 가진 나라도 있지만, 완전히 다른 나라도 있으며, 심지어 아직도 독재자가 다스리는 나라도 있다는 사실도 말해줬습니다. 준우는 제 이야기에 연신 '정말요?', '우와!' 하고 반응하며 집중해서 들었습니다. 일주일 뒤, 준우의 어머니가 오셔서 제게 말씀하셨습니다.

"선생님, 준우가 지난주에 갑자기 정치와 관련된 책을 사달라고 했어요. 뜬금없긴 해도, 처음으로 아이가 책을 사달라고 해서, 어린이용으로 된 책을 바로 인터넷으로 주문해줬어요. 어린이용이긴 해도 준우가 읽기에는 조금 어려운 내용인 듯했어요. 아이가 사달라고 하니까 사주긴 했는데, 아니나 다를까 모르는 내용이 많아 저한테 계속 묻는 거예요. 사실 제가 잘 모르는 것도 있어서, 다 답해주지 못했어요. 제가 모르는 것은 아빠가 집에 돌아오는 저녁까지 기다렸다가 물어보더라고요. 준우가 뭔가에 그렇게 열심인 것은 처음 봤어요."

준우 어머니는 이렇게 행복한 고민을 털어놓으셨습니다. 한 주가 더 지나자 준우는 궁금한 것을 산더미같이 가져왔습니다. 그리고 하나하나 질문했는데, 제 대답을 듣고 이해가 되면 '아하~!' 하며 함박웃음을 지었습니다.

탐구는 재미있어

 판타지만 좋아하던 준우가 왜 갑자기 정치에 관심을 갖게 되었을까요? 준우는 워낙 궁금한 것이 많고, 그것들을 하나씩 이해해가는 과정을 즐기는 아이였습니다. 판타지를 좋아하는 이유도 책의 내용이 상상하게 만들고 궁금하게 만들어서였죠. 그런 준우에게 제가 들려준 역사 이야기는 궁금한 것투성이였습니다. 그리고 궁금증은 준우를 스스로 탐구하게 만들었습니다. 탐구하면서 궁금증이 해결되는 경험에 재미를 느끼면 책을 읽고 생각하는 과정도 지루하거나 힘들지 않게 됩니다.

 탐구는 단순히 답을 알아내는 데서 끝나지 않습니다. 자신이 알고자 하는 것에 대해 능동적으로 자료를 찾거나 질문하는 과정이죠. 그 과정에서 자신이 전혀 모르고 있던 사실이나 알고 있다고 착각했던 것, 혹은 정보의 일부만 알고 있었던 것들이 무엇인지 아이 스스로 깨닫게 됩니다.

'아, 내가 이 부분을 몰라서 이해가 안 됐었구나!'
'내가 제대로 알지 못했었네!'
'아, 이런 원인 때문에 이런 결과가 생겼구나!'

 스스로 생각하며 알아가는 과정이 재미있으면 탐구 자체가 재미있어집니다. 자신이 무엇을 알고 싶다는 식의 목표가 분명하기 때문에, 능동적이고 적극적으로 탐구하게 되고요. 능동적 탐구와 수동적 지식 습득 과정은 아이에게 미치는 효과 면에서도 큰 차이가 납니다. 수동적으로 지식을 습득한 아이는 시간이 지나면 습득한 지식의 대부분을 기억하지 못하지만, 능동적으로 탐구한 아이는 탐구를 통해 얻은 지식들을 온전히 자신의 것으로 만들기 때문에 더 오래, 그리고 더 잘 기억하게 됩니다.

역사에는 전혀 관심 없던 윤하가 역사에 흥미를 갖고, 편독을 하던 준우가 다른 분야에도 관심을 갖게 된 것은 스스로 질문하고 생각했기 때문입니다. 누구나 궁금증을 갖고 있지만, 윤하나 준우처럼 스스로 질문하며 탐구하는 경우는 많지 않습니다. 더욱이 요즘은 궁금한 게 있으면 곧바로 인터넷을 뒤적여 쉽게 답을 찾을 수 있기 때문에, 더더욱 탐구하는 아이들이 줄어들고 있습니다. 스스로 알고자 하는 의지가 강한 아이와 생각 없이 쉽게 답을 찾으려는 아이는 여러 능력에서 차이가 날 수밖에 없습니다. 쉽게 답을 찾으려는 아이는 능동적으로 사고하고 정보를 습득하는 아이의 깊은 사고력, 학습력, 자기 주도적인 태도를 따라갈 수 없을 테니까요.

스스로 생각하는 아이는 아이디어가 생긴다

혹시 아이디어가 떠오르지 않아 답답했던 적 있나요? 저는 아이들이 학교 과제나 대회 준비를 할 때, 혹은 자신이 하고 싶은 것이 생겼을 때, 아이디어가 없어 힘들어하는 모습을 자주 보았습니다. 과학 발명품 만들기 대회를 준비하고 싶은데 무엇을 어떻게 만들어야 할지 생각이 쉽게 나지 않기 때문이죠. 또 재미있는 웹툰을 보고 난 뒤 '나도 웹툰을 그려보고 싶다'는 마음이 생기지만 막상 그리려고 하면 어떤 내용을 어떻게 그려야 할지 잘 떠오르지 않기도 하고요.

아이디어가 생기지 않으니 아이는 '하고 싶다'는 마음에서 늘 멈춰버리게 됩니다. 시도해보지도 못하고 포기해버리는 아이들을 보면 참 안타깝습니다. 아이의 생각을 행동으로 한 걸음 다가가게 하는 아이디어는 어떻게 만들 수 있을까요? 민재와 준서의 이야기를 만나봅시다.

무엇이든 해결할 수 있어

열 살 민재는 환경에 관련된 책을 읽고, 자신이 해야 할 것이 생겼다고 합니다. 게다가 오늘 학교에서 쓰레기를 아무 데나 버리는 친구들의 모습이 떠오른다며 이렇게 말했습니다.

"선생님, 학교에서도 환경 오염에 관련된 수업을 하고, 아이들에게 환경에 관한 책도 많이 읽게 하는데, 정작 아이들은 왜 환경 문제를 남의 일처럼 생각하는지 모르겠어요. 아이들이 정말 환경 문제를 제대로 인식하고 있는지 확인해야겠어요. 그런데 일일이 물어볼 수도 없고, 뭐 좋은 방법이 없을까요?"

"민재가 한번 생각해봐."

민재는 의자에 앉아 골똘히 생각에 잠기더니 중얼거렸습니다.

"친구들한테 일일이 물어봐야 하나? 애들이 많아서 이 방법은 안 될 것 같아. 시간도 적게 걸리고 많은 사람이 참여할 수 있는 방법이 뭐가 있을까?"

한참을 생각하다가 민재는 드디어 아이디어가 떠올랐습니다.

"설문 조사가 좋겠다!"

"근데, 설문지를 만들려면 뭐부터 해야 하지?"

민재는 아이디어가 떠올랐지만, 어떻게 아이디어를 구체화해야 할지 고민하는 것 같았습니다.

"환경에 대해 어떤 내용부터 물어보면 좋을까요?"

"주관식이 좋을까요, 객관식이 좋을까요?"

"이해하기 어려운 내용은 그림으로 그리면 어떨까요?"

"몇 문항이 적당할까요?"

"아이들이 쉬는 시간에 다 같이 설문지 작성을 하는 것이 좋을까요, 설문지를 집에 가져가서 적어 오게 하는 것이 좋을까요?"

민재는 끊임없이 질문했습니다. 생각해야 할 게 한두 가지가 아니기 때문입니다.

"제가 다른 사람의 설문지를 받아서 작성할 때는 몰랐는데, 직접 설문지를 만들려고 하니까 쉽지 않네요. 하하하."

민재는 그래도 재미있는지 계속 질문하고 생각하며, 설문지에 넣을 질문을 쓰고 지우기를 반복했습니다. 질문을 만드느라 고심하는 모습이 기특했습니다. 민재는 질문을 이해하기 어려워하는 아이들을 위해 그림을 그려 보충 설명도 해줬습니다.

상상도 현실이 될 수 있어

민재와 같은 나이인 준서도 최근에 해보고 싶은 것이 생겼다고 했습니다. 한 번도 해보지 않아서 자신이 할 수 있을지 모르겠지만, 고양이와 관련된 짧은 소설을 꼭 한번 써보고 싶다고 했죠. 준서는 왜 갑자기 소설을 쓰고 싶었을까요?

준서는 고양이를 좋아합니다. 한 달에 꼭 한 번은 고양이 카페에 가서 고양이들을 만나야 하죠. 고양이 카페에 새로 들어온 고양이는 없는지, 고양이들한테 인기 있는 간식은 무엇인지, 고양이는 어떤 장난감을 갖고 노는 걸 좋아하는지, 고양이들의 서열은 어떻게 되는지 등을 쉬지 않고 탐색합니다. 고양이들의 신상 정보를 정리해 카페 입구에 붙여놓은 안내문도 꼼꼼히 읽습니다. 또 길을 걷다 우연히 길고양이를 만나면 그 고양이의 집은 어디인지, 뭘 먹는지, 가족은 있는지 궁금해 고양이를 따라간 적이 한두 번이 아닙니다. 그런 준서가 어느 날 우연히 텔레비전에서 멸종 위기 동물에 관한 프로그램을 봤는데, 그때 문득 이런 생각이 들었다고 합니다.

'만약에 고양이도 멸종된다면?'
'만약에 고양이가 멸종된다면 이유가 뭘까? 자연 재해나 전쟁처럼 인간이 감당할 수 없는 것이었을까?'
'아니면, 누군가가 의도적으로 사라지게 했을까?'

'그렇다면 누가, 왜 그랬을까?'

준서의 상상은 순식간에 나뭇가지들처럼 뻗어나갔습니다. '만약에'라는 상상에서 시작된 질문이 꼬리에 꼬리를 물며, 조금씩 조금씩 큰 줄기를 만든 것이죠. 이야기의 큰 줄기가 생기자 준서는 이야기 만들기가 재미있어졌습니다. 그래서 용기 내어 짧은 소설을 한번 써보기로 결정했습니다. 난생 처음 써보는 소설이지만, 자신이 좋아하는 고양이를 상상하며 쓴다고 생각하니 도전할 마음이 생긴 것 같았습니다.

내 아이디어는 특별해

레고 조립을 좋아하는 두 아이가 있습니다. 한 아이는 조립 설명서를 보며 설명서대로 조립을 합니다. 다른 한 아이는 조립을 하며 이런저런 생각을 합니다.

'설명서에 나온 것보다 더 예쁘게 만들고 싶다.'
'어떻게 하면 더 예뻐질 수 있을까? 블록의 색을 바꿔볼까? 모양을 조금 바꿔볼까?'
'설명서에 나온 것보다 멋지고 강한 로봇으로 만들어보고 싶다.'

'무기를 더 추가해볼까? 크기를 더 키워볼까?'

   두 아이의 결과물은 어땠을까요? 매뉴얼대로 조립할 경우에는 생각이 필요없습니다. 그래서 만들기 쉽습니다. 그러나 그렇게 완성된 결과물은 누가 조립하더라도 모두 똑같은 모양이겠죠. 그 결과물에는 아이만의 생각도, 새로운 것도 없습니다. 그러나 생각하는 아이는 자기의 생각을 담아 개성 있고 새로운 결과물을 만들어낼 수 있죠. 하나뿐인 나만의 결과물을요.

   노벨 화학상을 받은 미국의 화학자 라이너스 폴링(Linus Pauling)은 "좋은 생각을 얻는 최상의 방법은 여러 가지 생각을 하는 것이다."라고 했습니다. 생각하면 아이디어가 생깁니다. 아이디어는 새로운 것을 만들 수 있는 핵심 재료입니다. 민재와 준서처럼 아이디어에 대해 스스로 질문하며 아이디어를 확장시키고 구체화하는 과정을 반복하면, 누구나 나만의 새로운 것을 만들어낼 수 있습니다. 그런 아이만이 자신만의 아이디어를 발전시키며 자신만의 특별함을 만들어갈 것입니다.

> 스스로 생각하는 아이는
> 질문으로 통(統)하고
> 질문으로 합(合)한다

민재와 준서의 사례를 이어가봅시다. 민재는 설문지에 총 10개의 질문을 넣기로 정하고 다양한 방향으로 생각을 떠올려봤습니다.

'첫 번째 질문은 무엇으로 할까?'
'쓰레기 문제로 해야 하나?'
'미세 먼지처럼 공기 오염에 관한 걸로 할까?'
'아이들이 환경 문제에 대해 알고 있는지부터 확인해야겠네. 환경 문제에 대해 알고 있는 아이들이 무엇을 알고 있는지 물어보면 되겠다.'
'그럼 그 다음은?'

어느 순간 더 이상 생각이 뻗어나가지 못하고 막혔습니다. 여러 질문을 혼자서 만들기에는 알고 있는 정보가 부족했기 때문입니다. 머릿속으로 떠올릴 때만 해도 설문지를 쉽게 만들 수 있을 것 같았는데, 막상 실행에 옮겨보니 그렇지 않았던 거죠. 정보를 더 모아야 했습니다.

민재는 책과 인터넷을 이용해 정보를 수집하기 시작했습니다. 세계적으로는 어떤 환경 문제가 가장 심각한지, 지금 우리는 어떤 환경 문제를 겪고 있는지, 환경 문제를 해결하기 위한 방법은 어떤 것들이 있는지, 다양하고 구체적인 정보들을 찾았습니다.

"우리도 모르게 연간 3만 9천 개에서 5만 2천 개에 이르는 미세 플라스틱을 섭취하고 있대요!"

"바다에 만들어진 플라스틱 섬에 우리나라 쓰레기도 엄청 많대요!"

"토양이 오염되면, 정화하는 데 최소 2년이 걸린대요!"

민재는 자신이 미처 알지 못했던 정보들을 접하면서 놀라움을 감추지 못했습니다. 환경 문제가 생각했던 것보다 훨씬 넓은 곳에서 일어나고 있고, 오염도 상당히 심각하다는 사실을 알게 되었기 때문이죠.

민재는 한 시간이 넘도록 정보들을 수집했습니다. 처음에는 금방이라도 자신이 원하는 정보가 뚝딱 나올 거라고 생각했는데, 친구들에게 알려주고 싶은 정보들을 모으다 보니 고작 10개의 질문을 만드는 데 필요한 정보만 책 한 권 분량이 넘었습니다. 설문지를 만드는 데 걸리는 시간보다 정보들을 정리하는 데 걸리는 시간이 더 오래 걸릴 것 같았습니다. 그래도 민재는 포기하지 않고, 계속 자료를 찾고 질문에 필요한 새로운 아이디어를 생각했습니다.

"아이들이 설문 조사에 재미있게 답하게 하려면, 그림을 활용하는 게 좋겠어요."

"표나 지도를 사용하면 아이들이 더 쉽게 질문을 이해할 수 있지 않을까요?"

민재는 질문자의 입장에서 생각하다가도 아이들의 입장에서도 생각하며 질문의 난이도를 조절하는 전문가다운 모습을 보여줬습니다. 질문들도 썼다 지웠다 반복하며 하나씩 꾸준히 만들었습니다.

질문해야 정보를 얻을 수 있어

준서도 소설 쓰기가 생각만큼 만만치 않은 것 같았습니다. 막상 글을 쓰려고 보니 머릿속에서만 전개했던 고양이 이야기에 대한 정보가 매우 부족하다는 사실을 알게 됐죠. 소설을 구성하기 위해서는 더 많은 정보가 필요했습니다.

'이야기의 배경은 과거, 현재, 미래 중 언제가 적합할까?'

'고양이가 사라졌다면, 사라진 이유가 뭘까?'
'고양이가 다 사라졌다고 할까, 몇 마리쯤은 살아 있다고 할까?'
'등장인물은 몇 명이 적당할까?'
'등장인물들의 관계는 어떻게 설정해야 할까?'
'주인공은 누구로 정할까?'
'주인공의 나이나 현재 모습은 어떻게 그리면 될까?'

    소설이 만들어지려면 주인공도 있어야 하고, 주인공과 관련된 다양한 등장인물들이 있어야 했습니다. 시대적 배경도, 등장인물 간의 관계도 정해야 했죠. 이야기를 발전시킬수록 생각할 것이 끝도 없었습니다. 결국 소설 쓰기까지 꽤 오랜 시간이 걸릴 것 같았습니다. 그래도 준서는 처음부터 천천히 꼼꼼하게 준비해보기로 했습니다.

    우선, 주인공 고양이부터 생각하기로 했습니다. 주인공으로서 적합한 고양이를 찾기 위해 인터넷에서 여러 종류의 고양이 사진 자료를 수집했습니다. 그런데 인터넷으로는 정보들을 오랫동안 집중해서 보기가 어려웠습니다. 인터넷에 자료가 많기는 하지만, 오히려 원하는 자료를 찾기는 더 어려웠습니다. 준서는 고양이 도감을 사는 것이 더 낫겠다고 생각했습니다. 다양한 종류의 고양이 정보가 있는 책과 고양이의 행동 습성을 구체적으로 설명하고 있는 도감을 몇 권 샀습니다.

    책들 속에서 글을 쓰기에 적합한 정보들을 찾아봤습니다. 책을 읽다 보니 자신이 원하는 정보뿐만 아니라 소설을 쓰기에 좋은 아이디어가 될 만한 새롭고 재미있는 정보도 찾을 수 있었습니다. 인터넷으로 정보를 찾을 때보다 좀 더 구체적인 이미지를 떠올리는 데 도움을 받았습니다. 그리고 소설 쓰기 덕분에 준서는 고양이에 대해 더 많은 정보를 알게 됐습니다.

고양이에 대한 정보를 많이 알게 된 준서는 소설 속 캐릭터마다 개성이 뚜렷하면 좋겠다고 생각했습니다. 평소 캐릭터가 확실한 인물이 등장하는 책을 좋아했던 것도 영향을 줬습니다. 소설 속 캐릭터를 잘 살리기 위해 준서는 도감에 실린 고양이들의 표정, 동작, 털의 색, 크기, 눈동자 색 등을 자세히 관찰했습니다. 물론 주인공 고양이의 성격을 드러낼 수 있는 정보들도 꼼꼼히 살폈습니다.

'내가 생각하는 주인공 고양이와 가장 비슷한 고양이는 어떤 종류일까?'
'초록색 눈동자의 고양이가 좋을까, 파란색 눈동자의 고양이가 좋을까?'
'털은 어떤 색이 좋을까? 무늬가 있는 게 좋을까, 단색이 좋을까?'
'주인공 고양이의 성격을 잘 나타내려면, 어떤 포즈로 묘사하는 게 좋을까?'

준서는 스스로 질문하며 캐릭터 만들기에 필요한 정보들을 골랐습니다. 고양이뿐만 아니라 고양이와 관련된 등장인물, 배경 등을 정할 때도 하나하나 스스로 질문하며 구체적으로 시각화했습니다. 다소 엉뚱한 질문에서 시작한 상상이 점점 얼개를 만들고 구체화돼 갔습니다. 그리고 시간이 지날수록 점점 그럴싸한 이야기로 만들어졌습니다. 이야기의 구성도 탄탄해졌죠. 준서는 이야기 만들기에 점점 더 재미를 느꼈습니다. 글을 더 잘 써보고 싶은 욕심도 생겼죠.

민재와 준서는 오랜 시간이 걸렸지만 결국 자신들이 원하는 결과물을 만들어냈습니다. 민재는 반 친구들을 대상으로 설문 조사를 성공리에 마쳤고, 준서도 '멸종 위기'라는 제목의 짧은 소설 한 편을 탄생시켰습니다.

내 생각을 구체화해야 해

아이디어만으로 결과물을 뚝딱 만들 수 있다면 얼마나 좋을까요? 민재와 준서처럼 최초의 생각(아이디어)을 키우고 다듬어 구체화해 시각적인 결과물로 만들려면 시간과 노력이 필요합니다. 끊임없이 스스로에게 질문하며 적절한 정보를 모으고 정리하는 과정을 반복해야 합니다.

'내가 해보고 싶은 것은 무엇이지?'

'나는 왜 이 일을 하려고 하지?'
'이 일을 하려면 무엇부터 시작해야 하지?'
'어떤 방법으로 정보를 수집하지?'
'정보 수집은 혼자 할 수 있는가? 아니면, 다른 사람의 도움이 필요한가?'
'나에게 필요한 정보는 무엇이지?'
'내가 모은 정보 중에 불필요한 것은 무엇이지?'

모든 부모가 자녀를 창의적으로 키우고 싶어 합니다. 기존의 것을 토대로 새로운 것을 만들어내는 능력을 창의력이라고 할 수 있습니다. 창의력에서 한 걸음 더 나아가 처음 떠오른 생각을 구체화하는 과정, 즉 통합하는 과정을 통해 창의력을 더욱 키울 수 있다는 것을 두 아이의 사례를 통해 알 수 있었습니다. 그 과정의 핵심에는 아이 스스로 생각하게 만드는 질문이 있다는 점을 기억하세요.

스스로 생각하는 아이는 큰 세상의 주인이다

하루는 상현이가 헐레벌떡 뛰어오며 다급하게 말했습니다.

"선생님, 어제 뉴스 보셨어요?"

"어떤 뉴스?"

"강원도에 산불 난 거요. 불이 마을까지 덮쳐서 주민들이 난리라고 해요."

주한이도 상현이를 돌아보며 말했습니다.

"나도 봤어! 바람이 세게 불어서 순식간에 불이 퍼지더라고. 산불이 난 지 한 시간도 안 돼서 속초까지 번졌대!"

아이들은 한동안 산불에 대해 이야기했습니다. 그런데 주한이가 아이들에게 색다른 접근을 하기 시작했습니다.

"우리도 강원도 산불 피해 주민들을 도울 수 있는 방법이 있을까? 텔레비전 보니까 모금을 많이 하더라. 우리도 돈을 모아서 피해 지역 주민을 돕는 건 어때?"

주한이의 말에 상현이가 답했습니다.

"근데 우리끼리만 돈을 모으는 것보다 다른 사람들도 같이 도우면 좋겠는데…. 뭐, 좋은 방법 없을까?"

연우가 좋은 생각을 제시했습니다.

"알뜰 시장 어때? 학교에서 매년 열잖아. 엄마들도 많이 오고, 동네 사람들도 꽤 오거든."

아이들은 서로 대화하며 열심히 생각했습니다.

"맞아. 알뜰 시장에 온 사람들한테도 산불 피해에 대해 알릴 수 있고, 물건을 판 돈으로 산불 피해 지역 주민들을 도울 수도 있잖아."

"그런데, 알뜰 시장에서는 물건 값이 너무 싸. 비싸봐야 1,000원도 안 되는걸. 애들이 사는 건 100원, 200원 정도밖에 안 돼."

"그리고 우리 넷은 학교도 다 다르잖아."

"그렇구나. 뭐, 다른 좋은 방법 없을까?"

아이들은 함께 인터넷에서 자료를 찾다가 한강에서 열릴 예정인 플리마켓의 판매자를 모집한다는 공고를 발견했습니다.

"우리, 한강에서 플리마켓 해볼까?"

"우리가? 어른들만 할 수 있는 거 아니야?"

"어른들만 할 수 있다는 내용은 없는데?"

"그런데 신청서를 써야 한대. 마켓 이름도 있어야 하고, 어떤 물건을 판매할 건지도 써야 해. 우리는 아직 아무 준비도 안 했는데….”

아이들은 어쨌든 한번 도전해보기로 했습니다. 그리고 신청서에 쓸 내용들에 관해 회의를 했습니다.

"우리, 뭘 팔까?"

"사람들이 많이 살수록 좋으니까, 사람들한테 인기 있는 것들을 팔자.”

"요즘 아이들한테 인기 있는 장난감들을 인터넷으로 주문해서 팔면 어때?"

"인기 있는 장난감들은 너무 비싸지 않아?"

"아이들한테 인기 있는 게 뭐지?"

"나이에 따라 다르지."

아이들은 서로 질문하고 대답하며 끊임없이 생각했습니다. 어떤 생각은 발전시켰고, 어떤 생각은 버려졌습니다. 그런데 회의가 진행될수록, 형태도 보이지 않던 작은 생각들이 점차 실현 가능하고 효과적인 생각으로 변해갔습니다. 어떤 날엔 한 시간이나 회의를 해도 제자리인 적도 있었고, 어떤 날엔 생각이 마구 쏟아져나와 일이 척척 진행되기도 했습니다.

오랜 회의 끝에 아이들은 비용이 적게 들면서 주변의 도움을 최소한으로 할 수 있는 아이템 두 개를 정했습니다. 요즘 아이들에게 인기 있는 스티커와 비용이 전혀 들지 않는 추억의 뽑기 게임을 만들기로 했죠. 아이들은 이제 무언가 새로운 도전이 시작되는 듯한 느낌이 들어 흥분했습니다. 그리고 아이들은 프로젝트가 중간에 무산되는 일이 없도록 회의 내용을 기록하고, 앞으로 진행될 일정도 미리 계획했습니다.

[프로젝트 기획 의도]
: 사람들에게 강원도 산불 피해를 알리고, 함께 피해 지역 주민을 돕자.

1, 2차 시: 아이디어 회의
3차 시: 판매할 상품 정하기
4, 5차 시: 스티커에 들어갈 그림 그리기
6, 7, 8차 시: 추억의 뽑기 게임 만들기
9차 시: 판매 상품 포스터 디자인 회의
10차 시: 판매 상품 포스터 마무리, 물건 값 정하기
11차 시: 추가 판매 품목 정하기, 마켓 이름 정하기
12차 시: 플리마켓 신청서 작성하기

아이들이 기획한 '강원도 산불 피해 주민 돕기 프로젝트' 준비에는 총 3개월이 걸렸습니다. 플리마켓 판매자로 선정이 될지 어떨지 불투명한 상태로 활동을 시작했지만, 아이들은 프로젝트를 준비하는 동안 내내 즐겁고 열정적이었습니다. 다행히 아이들은 플리마켓 판매자로 선정됐고, 판매일에 맞춰 준비를 더 철저히 했습니다.

한강에서 열린 아이들의 마켓은 그 일대 마켓 중 가장 인기가 좋았습니다. 아이들은 신이 나서 모여드는 사람들에게 더 열심히 소리쳤습니다.

"여러분의 소비가 가치 있는 곳에 쓰입니다!"

"저희 가게의 판매 수익금은 모두 강원도 산불 피해 주민을 위해 쓰입니다!"

세상의 크기는 내가 정해

아이들은 낯선 사람들에게도 스스럼없이 말을 걸었고, 어른 아이 할 것 없이 사람들에게 판매 물건에 대해 친절하고 꼼꼼히 설명했습니다. 저녁이 다 되도록 소리를 질러 목이 쉬고 힘들어도 아이들은 즐거워했습니다. 아이들의 적극적인 모습을 보고, 물건을 사러 온 손님들은 웃음이 멈추지 않았죠.

부모들의 도움 없이 오로지 자신들의 힘으로 이룬 플리마켓 프로젝트는 기대 이상의 성공을 거뒀습니다. 아이들은 이날 학교와 학원에서 벗어나 더 큰 세상에 자신의 메시지를 전하며 즐겁게 소통했습니다.

어쩌면 우리 아이들은 자신이 사는 세계의 크기를 스스로 규정하며 살고 있었는지도 모릅니다.

'나는 아직 어리니까.'
'내가 할 수 있을까?'
'내가 꼭 세상에 관심을 가져야 해?'

이런 생각들은 자신의 세계를 작게 만듭니다. 그런데 스스로 생각하는 아이들은 친구들과 함께 자유롭게 질문하고 소통하며 자신의 세상을 넓혀갑니다. 아이들은 넓은 세상의 한 구성원으로서 나를 인식하게 되고, 그 안에서 자기의 역할에 대해 생각해볼 것입니다. 그리고 그 세상에서 자신의 역량을 한껏 발휘할 수 있도록 노력하겠죠.

둥지 안의 작은 새는 어느 정도 성장하면 혼자 힘으로 날아서 둥지 밖으로 나가야 합니다. 날개를 펴고 하늘을 잘 날기 위해서는 바람에 대해 알아야 합니다. 또 먹이를 구하기 위해 여러 곳을 돌아다녀야 하죠. 작은 둥지에 머물러 있는 새와는 여러 가지 능력에서 차이가 날 수밖에 없습니다.

아이들도 마찬가지입니다. 자신이 어떤 세상에서 살고 있으며, 그 세상 안에서 자신은 어떻게 살면 좋을지, 무엇을 할 때 가장 행복하고 의미가 있는지 알기 위해서는 넓은 세상으로 나가야 합니다. 아이가 생각하는 범위만큼 아이의 세상은 넓어지고, 생각의 깊이만큼 느껴지는 것도 다르게 될 테니까요.

스스로 생각하는 아이는 자신의 재능을 찾는다

아들이 수학 문제를 풀다가 대뜸 저에게 말했습니다.

"엄마, 심화 문제들은 거의 다 사고력 문제야."

저는 이렇게 말해줬습니다.

"깊이 생각하는 게 그만큼 어렵단 이야기지."

아들은 제 말을 듣고 동의했습니다.

"맞아. 푸는 방법을 모르는 문제가 제일 어려워. 이렇게도 생각해 보고 저렇게도 생각해봐야 해. 그래서 한 문제를 푸는 데 시간이 오래 걸리더라고. 한 시간이 넘게 걸리는 문제도 있어. 그러다 갑자기 문제가 풀리면 기분이 완전 좋아!"

해결되지 않는 문제를 푸는 데 시간을 들이고, 생각에 생각을 거

듭해 문제를 해결했을 때, 아들은 기분이 좋다고 합니다. 그 의미는 곧 해결되지 않는 어떤 문제를 해결하는 것이 재미있다는 뜻이죠. 여기서 문제는 단순히 수학 문제를 가리키는 것이 아닙니다. 수학이든 영어든 과학이든 상관없이 자신에게 닥친 문제를 자신의 노력으로 해결했을 때 즐거움을 느낀다는 의미입니다.

그래서일까요? 아들은 문제가 되는 것이면 무엇이든 관심을 가집니다. 그리고 그것을 해결할 수 있는 방법이 무엇일지 곰곰이 생각합니다. 수학뿐만 아니라 환경, 친구 사이의 갈등, 불합리한 상황 같은 문제들을요. 아들이 관심을 갖는 문제들은 해결할 수 없는 것도 많습니다. 중요한 점은 우리 아들은 여러 방면의 문제를 해결하는 것을 좋아한다는 사실이죠.

수학을 잘하거나 피아노를 잘 치거나 그림을 잘 그리거나 축구를 잘하거나 하는 등의 재능 뒤에는 그 대상을 즐긴다는 의미가 숨어 있습니다. 즐거우니 계속할 것이고, 계속하다 보면 자연스럽게 실력이 높아지겠죠. 물론 타고난 재능도 도움이 될 것입니다. 이유가 무엇이든 누구나 즐거운 일은 꾸준히 하게 됩니다. 우리 아이의 재능을 찾으려면, 아이가 즐거워하는 것을 먼저 찾아야 합니다.

누구나 재능을 갖고 있어

플리마켓 프로젝트를 끝내고 아이들과 다시 한자리에 모였습니다. 제가 아이들에게 대뜸 물었습니다.

"이번 프로젝트를 마친 소감이 어때?"

주한이가 대답했습니다.

"저는 부끄러움이 없나 봐요. 사람들이 제가 모르는 사람이랑 대화를 잘한대요. 그리고 보니 저는 남들 앞에서 발표할 때 떤 적이 없는 것 같아요."

주한이는 이번 경험으로 자신이 어떤 장점을 가지고 있는지 알게 되었다고 합니다. 친구들도 주한이의 말에 전적으로 동의했습니다.

"맞아요. 주한이가 없었으면 물건을 많이 팔지 못했을 거예요."

"맞아, 맞아."

상현이는 다른 친구들에 비해 아이디어를 내는 게 어렵지 않다고 합니다.

"저는 아이디어를 잘 내는 것 같아요. 아이디어가 막 생겨나요! 하하하."

연우도 상현이의 말에 덧붙였습니다.

"저는 상현이처럼 아이디어를 내거나 주한이처럼 사람들 앞에 떨지 않고 나서는 건 자신이 없는데, 어떤 일을 시작하기 전에 미리 계획하고, 일이 진행되는 과정을 꼼꼼하게 기록하는 게 재미있었어요."

연우는 자신이 어떤 일을 꼼꼼하게 차근차근 진행하는 데 재미를 느낀다고 했습니다. 주한이는 연우의 꼼꼼함이 큰 역할을 했다며 고마워했습니다.

"맞아, 연우가 판매 금액을 꼼꼼히 다 기록해서 다행이지, 안 그랬으면 그날 사람도 많고 정신없어서 돈 관리를 못할 뻔했어."

아이들에게 이 프로젝트는 자신이 무엇을 좋아하고 잘하는지 생각해보는 좋은 기회를 준 것 같습니다.

행동이 차이를 만들어줄 거야

아이가 재능이 없는 것 같아 걱정하는 부모들이 많습니다. 다른 집 아이들은 잘하는 것이 하나씩은 있는 것 같아 부럽다고 말하기도 하죠. 미리 진로를 결정하고 준비하는 아이들을 보며 내 아이만 뒤처지는 건 아닐지 염려하기도 합니다.

걱정하지 마세요. 아이들은 모두 재능을 갖고 있습니다. 그리고 아이는 자신의 재능을 행동으로, 말로 드러내고 있습니다. 꼭 공부를 잘하고 운동을 잘하고 그림을 잘 그리고 악기를 잘 연주하는 것만이 재능이 아닙니다. 아이디어 내기를 좋아하는 것, 사람들과 소통하기를 좋아하는 것, 모르는 세계를 탐구하기를 즐기는 것, 상상력을 발휘해 새로운 이야기를 만드는 것 모두가 재능입니다. 한 가지를 잘하는 재능보다 더 많은 것을 잘할 수 있는 재능이죠. 소통하는 것을 잘하는 아이는 그림이나 악기로도 소통할 수 있고, 아이디어 내기를 잘하는 아이는 어떤 분야에서도 써먹을 수 있는 강력한 힘을 발휘할 수 있을 테니까요.

호주의 베스트셀러 작가이자 동기 부여 전문가인 앤드루 매튜스(Andrew Matthews)는 "재능이 없다고 말하는 사람들은 대부분, 별로 시도해본 일이 없는 사람들이다."라고 말했습니다. 아이의 재능은 무언가를 시도할 때 드러납니다. 자신에게 숨겨져 있던 호기심을 찾은 윤하와 준우, 함께 협력해서 인생의 첫 프로젝트를 성공시킨 상현이, 주한이, 연우, 그리고 자신만의 아이디어를 발전시켜 멋진 결과물을 만들어 낸 민재와 준서처럼요.

아이가 자신의 생각을 표현하고, 좋아하는 것을 실컷 할 수 있는 기회를 주세요. 아이는 생각하고 행동하면서 자신이 무엇을 할 때 가장 재미있고 잘할 수 있는지 스스로 알게 됩니다. 그리고 그 재능을 발전시키기 위해 스스로 목표를 세우고 능동적으로 행동할 것입니다.

2장

좋은 질문으로
아이의 생각을 키운다

많은 부모님들이 아이에게 질문하는 방법, 질문으로 대화를 이끌어가는 방법에 대해 고민합니다. 아마도 아이의 생각을 키워주고 깊이를 더할 수 있는 좋은 질문을 해주고 싶기 때문이겠죠. 그런데 좋은 질문이란 어떤 질문일까요? 왜 부모들은 좋은 질문을 하기 어려울까요? 이번 장에서는 좋은 질문은 무엇이며 좋은 질문이 아이에게 어떤 효과를 주는지 구체적으로 살펴보겠습니다.

> 부모의 질문을
> 점검하는 시간

　현재의 부모 세대가 학교에 다닐 때 받은 교육은 정보 습득에 치우쳐 있었습니다. 성적을 잘 받기 위해서는 남보다 많은 지식을 습득해야 했습니다. 공부해야 할 것은 많은데 시간은 한정돼 있어서, 이해보다 암기에 치중하기도 했었죠. 학교 선생님들은 '이 단어는 이런 의미다', '작가는 이러이러해서 이 글을 썼다'라는 식으로 시험의 답을 미리 알려줬습니다. 학생들은 선생님이 알려주는 답을 받아 적기 바빴습니다. 책을 읽고 궁금증을 품을 시간도, 책 내용을 음미할 여유도 갖지 못했습니다. 친구들과 질문하며 생각을 나눠보지도 못했고, 생각을 자극하는 좋은 질문도 받아보지 못했습니다.
　질문하는 방법을 배워본 적 없는 부모는 아이와 대화를 쉽게 이어나가지 못합니다. 아이에게 어떻게 질문해야 좋을지, 또 어떤 질문을 해야 할지, 아이의 질문에 어떻게 반응해야 할지, 모든 상황이 고민의 연속입니다. 책의 도움을 받아 아이에게 이런저런 질문을 해보지만, 생각만큼 쉽지 않은 것이 현실입니다. 엄마의 질문에 아이가 너무나도 자유로운 대답을 하면, '아이가 이렇게 답해도 되나?', '그런 답도 맞는다고 해야 할까?'라는 생각이 듭니다. 그리고 어떤 질문으로 시작해서 어떻게 끝을 내야 할지도 난감합니다. 아이에게 질문하기가 이렇게 어려울 줄은 미처 생각하지 못했을 것입니다.

답정너식 질문은 안 돼요

"아이가 제 질문에 답하면, 그걸로 대화가 끝나버려요. 어떻게 대화를 더 이어가야 할지 도무지 모르겠어요."

"제가 뭘 물어보면 아이는 '몰라!' 하기 일쑤고, 대답하기를 싫어해요."

"아이가 제 질문을 부담스러워하는 것 같아요."

"제가 뭘 물어보면, 아이가 자꾸 꾀를 부려요. 은근슬쩍 넘어가려고 하거나 딴 이야기를 해요."

아이와 알콩달콩 대화 좀 해보려는 엄마의 마음을 아는지 모르는지, 아이는 엄마의 질문에 자기 하고 싶은 말만 하고는 입을 닫습니다. 엄마는 아이가 좋아하는 책을 읽어주기도 하고 만화 영화를 함께 보면서 대화를 시도해보지만 별 효과가 없습니다. 평소 부모 입장에서 아이에게 한 질문들을 떠올려봅시다.

'아이에게 한 질문에, 부모가 듣고 싶은 답이 정해져 있지는 않았나요?'
'아이가 부모의 예상에 빗나간 대답을 했을 때, 핀잔을 주거나 당황스러운 표정을 짓지는 않았나요?'
'질문의 내용이 불명확하지는 않았나요?'
'아이에게 감동을 강요하지는 않았나요?'
'부모만 일방적으로 아이에게 질문하지 않았나요?'

만약 자신이 이런 경우에 해당된다면, 질문 방식에 문제가 있을 가능성이 큽니다. 부모의 질문 방식이 잘못되면 부모가 자신을 평가하는 것처럼 아이가 느낀다거나 부담감을 가질 수 있거든요. 가정뿐만 아니라 학교나 학원의 질문 환경도 중요합니다. 아이가 표현보다 평가에 초점을 둔 폐쇄적인 질문 환경에 쉽게 노출된다면, 아이는 자신의 생각을 자유롭게 말하기 힘들 테니까요.

틀려도 괜찮아

부모의 질문에 아이가 예상 밖의 답을 말하거나, 책을 읽고도 시큰둥해하며 별 반응을 보이지 않으면 부모는 당황하기 쉽습니다. 책이 재미없었는지, 혹은 책의 내용을 잘 이해하지 못했는지 걱정부터 앞서게 됩니다. 아이의 반응을 살피며 설명을 다시 시작하죠.

"자, 엄마가 다시 설명해줄게. 이 아이는 말이야…"

그러면 아이는 이런 생각이 들 수 있습니다.

'내가 잘 이해하지 못한 게 있나?'
'내가 엄마의 질문에 뭔가를 틀리게 답했나?'

엄마는 당황스러운 내색을 하지 않으려고 아이에게 훨씬 더 친절하게 설명하지만, 아이는 그 상황이 불편하게 느껴질지도 모릅니다.

'난 답을 모르는데…'
'내 생각이 또 틀리면 어쩌지?'

자신의 생각을 말하려다가도 이런 생각들이 떠오르면, 아이는 순간 움츠러들게 됩니다. 그리고 이러한 상황이 반복되면 아이는 점점 더 부모의 질문을 피하고 싶어질 것입니다.

부모는 자신도 모르게 원하는 답을 정해놓고 아이에게 질문하는 경우가 많습니다. 그러다 보니 예상했던 답에서 벗어난 답을 아이가 말하면, 부모는 자신이 생각하고 있는 답을 아이가 말할 때까지 자꾸 유도 질문을 하게 됩니다. 부모의 생각으로 아이를 끌고 가는 것이죠. 그 과정이 반복되면 아이는 자신의 생각을 잘 표현하지 못하게 됩니다. 자신의 생각이 틀릴 수도 있다는 불안함에 자신감을 잃고 말기 때문이죠. 아이의 생각을 키우기 위해서는 아이가 자신의 생각을 자신 있게 말할 수 있게 해주는 것이 중요합니다. 아이가 자신의 생각에 믿음이 있어야, 더 생각하고 싶고 표현하고 싶어지니까요.

혹시 아이가 책의 내용을 잘 이해하지 못해서 답을 틀리게 말하면, 엄마도 잘 기억이 나지 않는 척하면서 아이와 함께 책에서 그 내용을 다시 찾아보는 기회로 삼으면 됩니다.

"정말? 엄마는 다르게 알고 있는데…. 엄마도 잘못 읽었을 수 있으니까, 우리 다시 책에서 확인해볼까? 기억이 잘 안 날 수도 있으니까."

무엇보다 아이가 무안하지 않도록 잘 타일러주는 것이 좋습니다. 그리고 다음에 아이가 책을 잘 읽고 정확하게 답을 말했다면 칭찬을 잊지 마세요.

다양한 답이 있는 열린 질문

제가 운영하고 있는 팟캐스트 <그 집 아들 독서법>에서는 초등학생 초대손님과 함께 방송하기도 합니다. 방송을 들은 아이의 어머니들이 간혹 저에게 이렇게 물어보곤 합니다.

"선생님, 방송 들었는데요. 우리 아이가 말한 것이 아이 스스로 생각해서 말한 건가요?"

"선생님이 원고를 써주신 건 아닌가요?"

"우리 아이가 그렇게 자신의 생각을 잘 말할 줄은 몰랐어요."

"우리 아이가 어쩜 그렇게 선생님과 이야기를 잘 나눠요? 제가 질문하면 답할 생각도 안 하는데…."

어머니들은 평소와는 다른 모습의 아이 때문에 기분이 좋으면서도 한편으로는 궁금해합니다. 부모가 질문할 때는 선생님과 이야기할 때처럼 긴 대화로 이어지지 않았기 때문이죠. 많은 부모들이 제가 선생님이니까 아이들이 그렇게 쉽게 답을 한다고 생각하는 것 같습니다. 하지만 대화는 선생님보다 가족끼리 할 때 더 편하고 재미있지 않나요?

서로 재미있게 생각을 주고받을 수 있는 대화의 핵심은 '열린 질문'입니다. 하나의 답이 있는 닫힌 질문의 경우에는 아이가 답을 모르거나 잘못 이야기하면 틀린 것이 됩니다. 하지만, 열린 질문의 경우에는 맞고 틀리는 것이 없습니다.

'공룡의 유전자를 이용해 공룡을 다시 되살린다면 과연 어떤 일이 벌어질까?'
'사람들은 왜 전쟁을 할까?'
'언니는 동생에게 뭐든 꼭 양보해야 할까?'
'오랜만에 외식을 하게 됐을 때, 부모님과 내가 먹고 싶은 메뉴가 다르다면 누구의 의견을 따라야 할까?'
'어떤 사람이 착한 사람일까?'

이러한 열린 질문에는 다양한 답이 가능합니다. 그래서 아이는 편하게 자신의 생각을 이야기할 수 있습니다. 부모와 아이가 서로 생각을 주고받으며 대화할 수도 있고요. 그런데 다양한 답이 있다고 해도, 아무 생각이나 답이 될 수는 없습니다. 아이의 대답에는 반드시 생각의 근거가 있어야 합니다. 열린 질문이 답하기 쉬운 질문처럼 보이지만, 답의 근거를 만들기 위해서는 깊은 사고가 필요합니다. 왜 그런 생각을 하게 되었는지에 대한 이유를 찾아야 하니까요. 생각하기를 힘들어하는 아이라면, 열린 질문이 정답이 있는 질문보다 훨씬 어렵다고 할 수 있습니다.

열린 질문을 하는 질문자도 어려움을 느낄 수 있습니다. 답이 있지도 않고, 답변자의 답을 예상할 수도 없기 때문입니다. 답변자의 다양한 답을 받아들이려면, 열린 마음으로 상대의 생각을 듣고 대화를 이어갈 수 있어야 하죠. 질문자가 미리 머릿속에 답을 갖고 있거나 편견을 갖고 답을 들으면 대화보다 논쟁이 될 가능성이 크기 때문입니다.

똑똑한 질문이 똑똑한 아이를 만든다

공주가 주인공으로 등장하는 책을 엄마와 아이가 함께 여러 권 읽었다고 합시다. 엄마가 아이에게 이렇게 질문할 수 있을 겁니다.

"넌 어떤 공주가 제일 마음에 들어?"

엄마는 왜 아이에게 이런 질문을 했을까요? 의도가 무엇이었을까요? 질문 그대로, 여러 공주 중 한 명을 고르라는 뜻이었을까요? 아니면, 아이가 고른 공주를 통해서 우리 아이가 좋아하는 성향이 무엇인지 알고 싶어서였을까요? 만약 두 번째 의도였다면 이렇게 질문해보세요.

"우리가 읽은 책에 등장하는 공주 중에서 어느 공주의 드레스가 제일 마음에 들어?"
"어느 공주의 머리 스타일이 가장 마음에 들어?"
"어느 공주의 성격이 가장 좋아?"

질문의 목적을 좀 더 분명하게 담아 질문하면, 엄마가 아이에게서 듣고 싶은 답을 효과적으로 얻을 수 있습니다. 이 질문들은 '어느 공주가 제일 마음에 들어?'와 같은 목적을 갖고 있지만, 질문하려는 내용이 아이에게 더 명확하게 전달됩니다. 질문의 내용이 명확하니, 아이는 질문의 의도를 정확히 파악하고 구체적으로 답하게 됩니다.

"나는 파란색 드레스가 좋아. 파란색이 제일 좋거든."
"나는 노란 긴 생머리가 좋아. 반짝반짝해서 더 예뻐 보여."
"나는 이 공주들이 다 싫어. 너무 예쁜 척만 해서…. 난 용감한 공주가 더 좋아."

아이는 '예쁘다', '좋다'처럼 두루뭉술한 답이 아닌 구체적인 자신의 생각을 말할 것입니다. 그러면 엄마는 아이의 생각을 더 정확히 알 수 있죠. 책에 관한 질문도 마찬가지입니다.

"이 책은 어때?"
"재미있었어?"

이런 질문에 아이는 '괜찮아', '재미있었어' 혹은 '재미없었어'라고 답하게 됩니다. 아이가 어떤 부분에서 재미를 느꼈는지 확인하려면, 질문을 구체적으로 하는 것이 좋습니다.

"주인공이 한 말(혹은 행동) 중에서 뭐가 가장 기억에 남아?"

"엄마도 그 책 읽어볼까? 엄마가 읽어도 재미있을 거 같아?"

"이 책을 친구한테 추천한다면, 누구한테 추천해주고 싶어?"

"엄마가 알기로는 외로운 아이 이야기 같은데, 읽으면서 슬프지는 않았어?"

구체적인 질문은 아이가 인물의 행동과 말을 구체적으로 떠올리며 책의 내용을 다시 곱씹게 도와줍니다. 또 아이의 질문에 답한 뒤에 자연스럽게 '왜 그렇게 생각해?'라고 생각의 근거를 물어볼 수도 있고요.

다름을 인정할 것

같은 책을 읽어도, 읽는 사람마다 느끼는 감정이나 생각이 다릅니다. 개인이 가진 경험치가 독서에 영향을 주기 때문이죠. 같은 동화책을 읽더라도, 부모와 아이는 감동을 받는 부분이 다를 수 있습니다. 부모가 느끼는 찌릿한 감동을 아이는 전혀 느끼지 않을 수도 있고요. 부모가 애써 고른 그림책에 아이가 전혀 흥미를 느끼지 못하는 경우도 생깁니다.

얼마 전 초등학교 1학년 아이를 둔 어머니가 질문을 했습니다.

"선생님, 책에는 주제가 담겨 있는 부분이나 교훈을 주는 부분처럼 중요한 부분이 있잖아요. 그런데 우리 아이는 그런 부분에는 별 관심이 없고, 엉뚱한 부분을 재미있어하고, 기억도 더 잘해요. 등장인물에 대한 관심도 똑같아요. 뭘 읽어도 주인공에게서 매력을 못 느끼고, 주인공이 아닌 캐릭터를 더 좋아해요. 그래도 되나요? 혹시 글을 잘 파악하지 못해서 그러는 건 아닐까요?"

아이가 책의 주제에 흥미를 갖지 않는다고 해서 글을 잘 파악하지 못한다고 단정짓는 것은 좋지 않습니다. 아이마다 책에서 흥미를 느끼는 부분이 다를 수 있으니까요. 부모에게는 책의 주제가 분명하게 보여도, 아이에게는 그렇지 않을 수 있다는 것을 염두에 둬야 합니다. 아이의 시선에서는 부모와 다른 부분에서 더 감동을 받거나 재미를 느낄 수도 있지 않을까요? 억지로 아이에게 흥미나 감동을 주려고 하지 않아도 됩니다. 아이가 어떤 다른 생각을 하고 있는지 묻는 편이 더 좋습니다. 서로 생각이 다를 수 있다는 의미를 포함한 질문을 해보세요.

"엄마는 이 부분에서 울컥했어. 우리 딸은 어느 부분이 기억에 남아?"

『탈무드』에서는 "아이들을 가르친다는 것은 어떠한 것인가? 그것은 백지에 무엇인가를 그리는 것과 같은 것이다"라고 말하고 있습니다. 부모가 아이와 질문하고 답하는 것도 교육입니다. 엄마표 교육이죠. 아이가 자신의 하얀 백지에 자신만의 무한한 생각을 펼치기 전에 부모의 기준으로 틀을 그리지 않도록 주의해야 합니다. 아이들은 보통 어른들이 자신보다 많이 아는 사람이라고 생각하거든요. 그래서 어른들의 생각을 그대로 받아들입니다.

"우리 엄마가 그러는데요…."

아이들을 가르치다 보면 어른에게서 들었던 이야기를 꺼내는 경우가 많습니다. 가정에서 부모가 은연중에 하는 말들이 아이의 사고에 큰 영향을 줍니다. 교사의 말도 마찬가지고요. 아이들은 부모나 교사처럼 어른들의 말을 비판 없이 받아들이고 그것이 옳다고 생각합니다. 그래서 저는 아이들을 가르칠 때, 말을 조심합니다. 특히 제 생각을 이야기해야 할 경우에는 아이들의 생각을 묻는 질문을 자주 던집니다.

"선생님은 이 부분이 재미있었는데, 어떤 친구들은 다른 부분이 재미있었다고 하더라고. 너희는 어떤 부분이 재미있었어?"

모두 생각이 다를 수 있고, 정답은 없으니 편하게 자신의 생각을 말해도 된다는 의미를 담은 질문입니다. 부모가 아이에게 질문하는 목적은 아이가 자신만의 생각을 갖도록 도와주는 것입니다. 당연히 아이는 자신의 생각을 자유롭게 말할 수 있어야 합니다. 만약 아이가 생각하기를 힘들어하면 질문을 통해 아이가 생각할 수 있게 도와주세요. 아이가 자신만의 생각을 어떻게 표현해야 할지 몰라 망설인다면 질문을 통해 하나씩 밖으로 꺼낼 수 있게 도와주면 됩니다. 자신의 생각에 믿음이 없다면 어떤 사람의 생각도 충분히 가치 있고 소중하다는 것을 알려주세요. 아이가 부모의 질문을 통해 자신의 생각에 대한 믿음이 생긴다면 부모 도움 없이도 자신의 생각을 키울 수 있게 될 겁니다.

좋은 질문이 아이의 생각을 만든다

아이의 생각을 자극하는 질문은 어떤 질문일까요? 언뜻 생각해보면 모든 질문이 생각하게 만드는 것 같지만 그렇지 않은 질문도 있습니다.

정말 그런지 확인하기 위해 제가 질문을 하나 해볼게요.

"한국 전쟁은 어떻게 일어났나요?"

제 질문에 답이 떠오르나요? 아마 1950년 6월 25일에 북한의 공산군이 남침을 해서 전쟁이 일어났다는 답이 떠오를 것입니다. 그럼 이번에는 조금 다르게 질문해보겠습니다.

"우리는 왜 한국 전쟁에 대해서 알아야 할까요?"

이 질문에는 어떤 답이 떠오르나요? 이전 질문처럼 답이 금방 떠오르나요? 두 질문 모두 한국 전쟁과 관련된 것입니다. 그런데 대체로 첫 번째 질문에 대한 답은 금방 생각나지만, 두 번째 질문에 대한 답을 떠올리는 데는 시간이 좀 걸립니다. 왜 그럴까요?

정답보다 질문의 의미가 중요해

똑같은 질문을 4학년 아이들에게도 해봤습니다.
"한국 전쟁에 대해서 알고 있니?"
"네!"
학생 중에서 특히 역사책 읽기를 좋아하는 승주가 자신 있게 말했습니다.
"네! 6월 25일에 북한군이 쳐들어왔어요. 그리고 맥아더 장군이 우리를 도와줬어요."
옆에 있던 태호도 덩달아 손을 들며 말했습니다.
"인천 상륙 작전으로 우리가 역전했어요!"
승주가 무언가 또 생각이 났는지 큰 소리로 말했습니다.
"아, 중공군만 쳐들어오지 않았으면, 우리나라가 통일될 수 있었을 텐데…."
아이들은 서로 자신이 아는 것을 이야기했습니다. 저는 아이들에게 다시 질문했습니다.

"그런데 우리는 왜 한국 전쟁에 대해서 알아야 할까?"

"…."

방금 전까지 저마다 아는 것을 목소리 높여 말하던 아이들이 갑자기 입을 다물었습니다. 그런 아이들을 보며 질문을 조금 바꿔 다시 물었습니다.

"한국 전쟁으로 우리의 삶은 어떻게 변했을까? 전쟁에서 살아남은 사람들은 어떻게 살아갔을까?"

자신 있게 말했던 승주가 조심스럽게 답했습니다.

"많이 힘들었을 것 같아요. 집도 없고, 먹을 것도 다 떨어졌을 테니까요."

태호는 문득 궁금한 게 떠오른 것 같았습니다.

"가족이랑 헤어진 사람들도 많았대요. 그럼 아이가 혼자 살았을 수도 있겠네요? 아이가 혼자 어떻게 살았을까요? 부모 대신 누군가가 키워줬을까요?"

아이들은 한국 전쟁에 대해 자신이 잘 모르고 있었던 것을 발견했는지 질문이 많아졌습니다.

그때 태호가 깜짝 놀라며 질문했습니다.

"어! 근데 우리는 어떻게 지금처럼 잘살게 됐어요?"

태호의 말에 승주도 놀랐습니다.

"정말 그렇네!"

저는 열심히 생각 중인 아이들에게 또 물었습니다.

"우리는 왜 한국 전쟁에 대해서 배워야 할까? 왜 알아야 하지?"

아이들은 잠시 생각하더니 대답했습니다.

"전쟁으로 가족도 잃고 모든 것이 다 파괴됐는데도 열심히 살았던 사람들을 기억하기 위해서인 것 같아요."

"아직 전쟁이 끝난 게 아니잖아요. 전쟁이 얼마나 끔찍한 일인지 알아야 다시는 그런 일이 일어나지 않게 할 수 있으니까요."

첫 번째 질문이었던 '한국 전쟁은 어떻게 일어났나요?'는 정보를 묻는 질문입니다. 생각이 별로 필요하지 않습니다. 그러나 두 번째 질문인 '우리는 왜 한국 전쟁에 대해서 알아야 할까요?'에 답하려면 생각을 오래 해야 합니다. 뇌에 저장된 수많은 정보들과 경험, 감정 등을 끄집어내야 하고, 그중에서 답에 적절한 것이 무엇인지 골라야 하기 때문이죠. 게다가 답을 찾기가 쉽지 않을 수도 있습니다. 승주와 태호처럼 구체적으로 생각을 떠올릴 수 있는 추가적인 질문이 필요할 때도 있습니다. 아이가 조금씩 자신의 생각에 다다를 수 있게 질문해주세요. 하나둘씩 자신의 생각을 발견하다 보면, 나중에는 부모 도움 없이도 스스로 자신에게 질문하며 생각을 찾을 수 있을 것입니다.

질문은 이정표다

정보를 확인하는 질문은 아이의 생각을 만들 수 없습니다. 아이가 스스로 생각하게 만들고 생각을 키우게 하려면, 좋은 질문이 필요합니다. 아이의 생각을 키우는 좋은 질문 유형으로 크게 8가지를 들 수 있습니다.

구체적인 질문
관점을 바꿔주는 질문
탐구하게 하는 질문
다양한 답이 있는 질문
분석하게 하는 질문
추론하게 하는 질문
평가하게 하는 질문
여러 분야를 넘나드는 질문

좋은 질문은 이정표와 같습니다. 쉽게 말해 방향성을 갖고 있습니다. 하나의 관점으로만 생각하는 아이가 다른 관점으로도 생각할 수 있게 해주기 때문이죠. 질문이 가리키는 방향에 맞춰 아이가 시선을 돌려 기존의 정보를 다양하게 바라보게 되면 새로운 생각을 발견할 수 있게 됩니다.

'어? 이렇게도 생각할 수 있네!'
'내가 왜 이런 생각은 하지 못했을까?'
'이렇게 생각하니까 새로운 생각이 생기네!'
'다른 생각들도 다시 한번 생각해볼까?'

이런 경험들이 쌓이면 아이 스스로 생각하기의 재미를 찾을 수 있습니다. 하나의 방향으로만 생각하지 않고 이렇게도 저렇게도 생각하면서 자신만의 답을 찾을 수 있으니까요.

> ## 질문의 깊이가 달라지면
> ## 생각의 질이 달라진다

    질문에도 단계가 있습니다. 낮은 단계에서부터 아주 높은 단계에 이르기까지요. 높은 단계의 질문일수록 답하는 데 깊은 사고가 필요합니다. 일반적인 질문 연구 자료에서는 질문을 세 단계로 나눕니다. 가장 낮은 단계인 1단계는 답이 있는 질문입니다. 책을 읽고 질문을 한다고 가정했을 때 1단계의 질문은 '예', '아니요'로 답할 수 있는 질문, 또는 책에서 답을 찾을 수 있는 단답형 질문입니다.

    2단계의 질문은 답하는 데 약간의 생각이 필요합니다. 책에 답이 나와 있지는 않지만, 이미 갖고 있던 머릿속 정보들을 조금만 떠올리면 답을 찾을 수 있는 질문이죠. 마지막 3단계 질문은 독자 자신이 스스로 답을 찾아야 하는 질문입니다. 높은 사고가 필요합니다.

토끼와 거북이 이야기를 예로 들어보겠습니다.

'토끼와 거북이 중 누가 달리기 경기에서 이겼을까?'

이 질문은 1단계 질문입니다. 누가 이겼는지 책을 찾아보면 답이 있으니까요.

'토끼는 왜 거북이가 자신을 절대 이기지 못할 거라고 생각했을까?'

토끼와 거북이 이야기에는 나오지 않지만, 독자는 토끼가 거북이보다 빠르다는 사실을 알고 있습니다. 즉, 조금만 생각해도 답을 생각할 수 있는 2단계 질문입니다.

'토끼가 잠을 안 잤다면 어떻게 됐을까?'

이러한 질문이 바로 독자가 이야기의 내용을 기반으로 생각해서 답해야 하는 3단계 질문입니다. 그런데 질문의 단계를 설명하면 답이 있는 1단계 질문이 좋지 않은 질문인지 묻는 분들이 있습니다. 그렇지 않습니다. 답이 있는 1단계 질문은 기본이 되는 질문입니다. 책 내용을 정확히 읽지 않으면, 1단계 질문에도 답할 수 없습니다. 만약 아이가 기본적인 1단세 질문에만 익숙하거나, 1단계 질문조차 답할 수 없다면 문제가 될 수 있겠죠. 그리고 각 단계에 적합한 연령은 정해져 있지 않습니다. 아이마다 필요한 질문의 단계가 다르니까요. 초등 고학년이지만 기본적인 1단계부터 질문해야 하는 아이들도 있고, 나이가 어려도 3단계의 고차원적 사고가 가능한 아이들도 있습니다.

앞에서 소개한 질문의 단계는 질문 자체에 초점을 맞춘 것입니다. 실제로 부모가 아이에게 질문할 때는 1단계의 질문부터 해야 하는지, 아이에게 맞는 질문 단계가 무엇인지 쉽게 판단하지 못할 수 있습니다. 제 교육 경험을 바탕으로 반드시 필요한 좋은 질문 3단계를 소개하고자 합니다.

1단계. 질문의 시작, 호기심을 자극하는 질문
2단계. 호기심을 해결하는 질문
3단계. 나로 향하는 질문

질문은 아이가 스스로 생각하게 만듭니다. 자신의 생각이 생기면 아이는 생각을 더 깊이 파고들 수도 있고, 다양한 생각으로 확장시킬 수도 있습니다. 머릿속에 저장된 정보와 생각을 연결시켜 또 다른 생각을 만들 수도 있고요.

무엇보다 아이가 생각하지 않으면, 아무것도 할 수 없습니다. 그래서 1단계인 질문의 시작이 매우 중요합니다. 아이가 생각을 해야 다음으로 나아갈 수 있으니까요. 1단계 질문으로 호기심을 유발하고 아이가 생각하기 시작하면, 2단계 질문으로 아이 스스로 자신의 호기심을 해결하기 위해 필요한 정보를 수집하도록 도와줍니다. 그리고 3단계 질문으로 아이만의 생각을 만들게 도와주면 됩니다. 각 단계별 질문 방법에 대해 자세히 살펴보겠습니다.

1단계. 호기심을 자극하는 질문

질문이라는 뜻의 영어 단어 'question'은 '탐색', '원정', '찾다'라는 의미를 가진 'quest'에서 파생됐습니다. 질문은 무언가를 찾아 나설 때 생기는 것이죠. 다시 말해, 질문하지 않으면 아무것도 찾을 수 없다는 뜻으로도 해석할 수 있습니다. 이처럼 질문은 생각의 시작이자 답을 찾는 첫걸음입니다.

아이의 생각 기능을 작동시키기에 가장 효과적인 질문은 호기심을 자극하는 질문입니다. 아이들은 호기심이 많아서 궁금증이 생기는 무언가를 알려주면 관심을 갖고 몰입하기 때문이죠.

"엄마가 집에 오는 길에 슈퍼마켓에 들렀는데, 당근값이 어제보다 500원이나 올랐더라고. 왜일까?"

"엄마가 뉴스에서 봤는데, 머지않아 일반인들도 우주여행을 할 수 있대!"

이렇게 아이의 호기심을 자극하는 질문은 아이의 생각 기능을 바로 작동시킵니다.

"당근값이 어떻게 날마다 달라져?"
"우주여행을 가면 다른 행성에 도착해서 거기서 자고 오는 거야? 시간이 너무 오래 걸리지 않을까?"

아이가 엄마의 말에 반응하면 관심이 생겼다는 증거입니다. 일단 관심이 생기면 이어지는 질문에 따라 생각을 더 깊이 해볼 수도 있고, 평소 관심을 갖지 않던 다양한 분야에 대해 공부해볼 수도 있겠죠. 특히 독후 대화에서 이런 질문들이 꽤 효과적입니다. 예를 들어 아이가 『벌거벗은 임금님』을 읽었다면 이렇게 질문해보세요.

"임금님과 신하는 왜 보이지도 않는 옷을 보인다고 믿었을까? 정말 이상하지 않아?"
"왜 아이만 임금님이 벌거벗었다고 말했을까? 아이 말고는 왜 아무도 옷이 보이지 않는다고 말하지 않았을까?"

이런 질문에 아이가 호기심을 갖고 궁금해한다면, 1단계 질문의 역할은 성공한 것입니다. 그럼 엄마는 아이의 호기심을 해결해줄 다음 단계의 질문으로 자연스럽게 넘어갈 수 있습니다.

2단계. 호기심을 해결하는 질문

1단계에서 호기심을 자극했으니, 이제 아이의 호기심을 해결할 차례입니다. 그러기 위해서는 정보가 필요합니다. 1단계의 질문과 연결해 당근값이 어제와 오늘 달라진 원인에 대해 생각해봐야 합니다.

"당근값이 왜 어제랑 달라졌을까?"

이 질문에 대해 생각하면 자연스럽게 다른 질문으로 연결됩니다.

"물건값은 어떻게 정해질까?"

질문이 달라졌으니 새로운 정보가 필요합니다. 새로운 정보는 책에서 찾아볼 수도 있고, 경제 교육 관련 영상 프로그램을 보거나 어른들에게 물어봐서 얻을 수도 있습니다. 만약 이야기책을 읽다가 궁금증이 생겼다면, 책 내용을 한 단계 깊이 생각하게 만드는 2단계 질문으로 넘어가면 됩니다.

"아이는 왜 진실을 말할 수 있을까?"
"어른들은 왜 진실을 말하지 못했을까?"
"아이와 어른은 어떤 점에서 다른 것일까?"

2단계 질문은 아이가 책 내용을 해석할 수 있도록 도와줍니다. 책 속에 답이 드러나 있지 않기 때문에, 책을 다시 꼼꼼히 읽으면서 맥락을 파악하고 생각해야 답할 수 있습니다.

3단계. 나로 향하는 질문

3단계는 질문의 종착지이자 아이의 생각을 탄생시키는 질문입니다. 간단하게 설명하면 3단계의 질문은 '나'를 향합니다. "그래서 너의 생각은 어때?"라고 묻는 단계입니다.

이 단계에서는 아이가 정보를 이해하는 데 그치지 않고, 자신의 배경 지식을 더해 독자적인 사고를 완성시키게 합니다. 즉, 1, 2단계를 거쳐 알게 된 정보들을 토대로 자신의 생각을 만들어보는 것이죠.

"우주여행이 가능해지면 좋은 점과 나쁜 점은 뭘까?"
"네가 임금이라면 사기꾼들의 말에 어떻게 했을 것 같아?"
"물건값이 정해지는 이유를 왜 알아야 할까? 알면 어떤 도움이 될까?"

똑같은 3단계의 질문이라도 개념을 묻는 질문이나 추상적인 질문에 답하기는 조금 더 어렵습니다. 이럴 땐 추가적인 질문이 필요할 수도 있습니다.

"나쁜 기억은 없애는 게 좋을까? 간직하는 게 좋을까?"

예를 들어 이런 질문을 했다면 아이는 쉽게 자신의 생각을 말하지 못할 수도 있습니다. 그때 아이가 머릿속 정보들을 하나씩 찾아낼 수 있도록 추가 질문을 하면 좋습니다.

"나쁜 기억은 어떤 기억을 의미할까?" (개념을 생각하게 하는 질문)
"너는 잊고 싶을 만큼 나쁜 기억이 있니?" (아이의 경험을 꺼내게 하는 질문)
"그 나쁜 기억이 없어졌으면 좋겠니?" (아이의 생각을 묻는 질문)
"나쁜 기억을 지우면(또는 간직한다면) 어떤 점이 좋을까(또는 나쁠까)?"
(생각의 근거를 묻는 질문)

3단계 질문에 답하려면 더 높은 사고 수준이 필요하다는 점을 이해하길 바랍니다. 그리고 어떤 질문에서든 자신의 생각을 논리적으로 말할 수 있는 아이라면, 지금까지 말한 생각의 단계에 익숙한 아이겠죠. 그리고 스스로 질문하고 생각할 줄 아는 뛰어난 사고력을 가진 아이일 것입니다.

좋은 질문이 문제 해결의 핵심이다

질문하고 생각하는 것은 누구나 할 수 있는 일이지만, 또 누구나 잘할 수 없는 일이기도 합니다. 꾸준히 훈련하는 아이만이 사고하는 힘을 키울 수 있죠. 그리스의 철학자 아리스토텔레스도 꾸준함과 습관에 대한 말을 했습니다.

우리가 반복해서 하는 행동이 곧 우리다. 그렇게 보면 탁월함이란, 행동이 아니라 습관이다.

생각도 습관입니다. 좋은 질문에 익숙한 아이는 책을 읽거나 공부를 하거나 길을 걷다가도 습관적으로 좋은 질문을 떠올릴 수 있습니다. 또 곧장 생각으로 연결시키는 법도 알 수 있습니다. 질문하고 생각하는 습관을 가진 아이와 그렇지 않은 아이는 시간이 지날수록 생각하는 능력에서 큰 차이가 생길 것입니다. 질문하는 습관, 즉 생각하는 습관이 결국 탁월한 능력을 키워주는 차이입니다.

질문하는 습관을 길러야 해

아이가 스스로 질문하고 생각하는 습관이 들 때까지 훈련을 멈추면 안 됩니다. 사고력은 시험 점수처럼 가시적인 결과물이 없으니 쉽게 훈련을 포기하는 부모들이 많습니다. 또 고학년이 되면 아이들이 책 읽기를 통해 생각을 키우기보다 문제 풀이에 치중하는 모습을 보이기도 합니다. 독서가 다양한 학습 수단 중 하나로 전락하고 마는 것이죠.

영어 실력을 키우기 위해서 듣기와 읽기를 하루에도 몇십 번씩 반복하고, 수학 문제를 빠르고 정확하게 풀기 위해 수십 장의 문제집을 풀기도 합니다. 아이들에게 정작 필요한 것은 질문하며 생각하는 시간입니다. 하지만 일상생활에서 충분히 생각하고 답하기에는 시간이 턱없이 부족합니다. 초등학교 시기는 다양한 분야에 대해 다양한 질문을 받고 사고의 영역을 넓히며 깊이를 더할 수 있는 최적의 시기라는 것을 기억하세요.

반드시 진지하고 철학적인 생각이 아니어도 좋습니다. 조금 난해하고 엉뚱한 질문이어도 괜찮습니다. 아이가 생각의 즐거움을 느낄 수 있다는 것이 중요하니까요. 그런 즐거움이 스스로 질문하고 생각하는 아이로 만들 수 있는 유일한 방법이기 때문입니다.

한 번 더 의심하는 습관

아이들을 가르치다 보면 가끔 저를 깜짝 놀라게 하는 아이들이 있습니다. 조용히 제 설명을 듣고 있다가 날카롭게 질문을 던지는 아이들입니다. 그중 몇몇 아이가 떠오릅니다. 2학년 지호와 영웅에 관한 그림책을 읽고 있었습니다. 책에는 두 영웅이 등장합니다. 진짜 영웅과 가짜 영웅이죠. 진짜 영웅은 괴물처럼 생기고 이상한 외계어를 쓰는 바람에 사람들과의 의사소통에 어려움을 겪습니다. 반면, 가짜 영웅은 망토를 걸치고 가면을 쓴 멋진 모습을 하고, 인간의 언어를 사용해 원활하게 소통을 할 수 있었습니다. 그런 덕분에 인간들은 가짜 영웅을 진짜 영웅이라고 생각하며 그의 말을 믿고 따랐습니다. 지호는 진짜 영웅을 알아보지 못하는 것을 안타까워하며 제게 물었습니다.

"사람들은 왜 진짜 영웅을 못 알아볼까요?"

"의사소통이 되지 않기 때문 아닐까? 사람들은 외계어를 못 알아들으니까."

지호는 잠시 생각하더니 다시 물었습니다.

"의사소통이 되지 않아도 진짜 영웅을 알아볼 수 있는 방법이 없을까요?"

겨우 아홉 살인 아이가 재미로 그림책을 읽고 이토록 진지하게 생각하는 것에 놀랐습니다. 그래서 지호에게 물었습니다.

"정말 그런 방법이 있었으면 좋겠다. 쓰는 말이 달라서 의사소통이 되지 않아도 좋은 사람을 알아볼 수 있는 능력을 가지려면 어떻게 해야 할까?"

지호는 잠시 생각하더니 답했습니다.

"좋은 사람을 많이 만나보면 되지 않을까요? 좋은 사람을 많이 만나다 보면 굳이 말하지 않아도 척 보고 괜찮은 사람인지 알 수 있을 것 같아요."

지호의 말이 정답이었습니다. 책에서 문제를 발견하고, 해결 방법을 찾으려고 좋은 질문을 던진 지호의 모습을 5년이 지난 지금도 생생히 기억합니다. 그 이후로 같은 책을 읽고 지호처럼 질문한 아이는 보지 못했으니까요.

4학년 민준이도 기억납니다. 수업 시간에 아이들과 함께 고전 문학 작품을 읽다가, 작품의 시대적 배경에 대해 설명하는 중이었습니다. 민준이가 갑자기 제게 질문을 했습니다.

"신생님, 그런데 역사는 누가 쓴 거예요? 사람이 쓴 거면, 지어냈을 수도 있잖아요?"

민준이의 질문에 저는 깜짝 놀라고 말았습니다. 대부분의 아이들은 역사뿐만 아니라 책에 적힌 모든 정보에 대해 의심하지 않습니다. 특히 역사책에 주관적인 해석이 담겨 있을 수도 있다는 생각은 하지 못하거든요. 그런데 민준이는 비판적 시각으로 수업을 듣고 있었던 거죠. 그래서 의문이 생긴 것입니다.

이제 민준이는 고1, 지호는 중1이 되었습니다. 두 아이 모두 자기주도적인 공부 습관을 갖고 있어 공부도 잘할 뿐만 아니라 자신이 좋아하는 외부 활동에도 적극적입니다. 동아리 활동도 활발하게 하고 교우 관계도 좋습니다. 그런 덕분에 자신의 인생을 즐겁게 만들어가고 있습니다.

MIT 리더십 센터 상임 이사이자 MIT 슬론 경영대학원 리더십·혁신 분야 부교수인 할 그레거슨(Hal Gregersen)도 질문의 힘을 강조합니다. 그는 10년간 위대한 혁신가들을 인터뷰했다고 합니다. 그리고 그들의 뒤에는 질문하는 습관을 가르쳐준 훌륭한 어른들이 있었다는 공통점을 발견했습니다. 바로 질문이 그들을 혁신가로 만들어준 것이죠.

질문할 줄 아는 사람이 경쟁력을 가진다는 것은 다양한 사례를 통해 증명되고 있습니다. 물론 정보를 많이 아는 아이가 대답을 잘할 수는 있습니다. 하지만 질문할 수 있는 아이라면 익숙한 것에서 새로운 것을 발견할 수도 있고, 기존의 정보를 조합해 새로운 무언가를 만들 수도 있습니다. 아인슈타인도 질문의 중요성을 강조하는 말을 남겼습니다.

> 만약 곧 죽을 상황에 처했고, 목숨을 구할 방법을 단 한 시간 안에 찾아야 한다면, 한 시간 중 55분은 올바른 질문을 찾는 데 사용하겠다. 올바른 질문을 찾으면, 정답을 찾는 데는 5분도 걸리지 않을 것이다.

좋은 질문은 문제 해결의 핵심 역할을 합니다. 많은 지식을 가지고 있어도 전혀 활용하지 못하는 사람은 더 이상 경쟁력이 없습니다. 부모가 아이에게 해주는 것이 족집게 학원에 보내어 성적을 올리는 데 그쳐서는 안 됩니다. 질문할 수 있는 아이가 될 수 있도록 도와줘야 합니다. 질문이 곧 아이의 실력을 키워주는 열쇠니까요.

> 좋은 질문이 부모와 아이의
> 메타 인지를 깨운다

 아이 스스로 질문을 만들기는 그리 쉽지 않습니다. 단순히 모르는 단어의 뜻을 물어보거나 풀리지 않는 수학 문제에 관해 질문하는 것이 아니니까요. 지식이 많다거나 책을 많이 읽었다고 해서 저절로 질문을 만들 수 있는 것도 아닙니다. 질문을 만들려면 먼저 자신을 잘 알아야 하기 때문입니다.
 한번은 그리스 로마 신화를 좋아하는 아홉 살 아이들에게 대지의 여신 가이아가 낳은 거인족의 영웅 프로메테우스에 대한 이야기를 들려주려고 했습니다. 그런데 이야기를 시작하기도 전에 태이가 말했습니다. 태이는 그리스 로마 신화 책을 여러 번 읽었다고 했습니다.

"선생님, 저 그 이야기 알아요!"

"그래? 그럼 태이가 프로메테우스 이야기를 친구들에게 해주면 어떨까?"

태이는 잠시 망설이더니 말했습니다.

"음…. 프로메테우스가 인간들한테 불을 주었는데… 그 다음은… 생각이 잘 안 나요. 그냥 선생님이 이야기해주세요."

저는 아이들에게 프로메테우스가 오직 신만 가질 수 있는 불을 훔쳐 인간들에게 건네주었고, 신들의 왕 제우스는 그 죗값으로 독수리를 보내어 프로메테우스의 간을 쪼아 먹게 한 이야기를 자세히 들려줬습니다. 그리고 아이들에게 질문할 시간을 줬습니다.

"자, 이 이야기에서 이해가 안 되는 점이나 이상하다고 생각되는 점이 있으면 질문해보자. 선생님한테 질문 안 해도 돼. 이야기 속 등장인물들을 만났다고 생각하고, 그 인물들에게 질문해도 괜찮아."

"없어요!"

저 몰래 약속이라도 한 것처럼 아이들은 모두 궁금한 것이 없다고 했습니다.

"그래? 선생님은 궁금한 것이 있는데?"

아이들은 제 말에 놀라 눈을 동그랗게 뜨고 저를 쳐다봤습니다. 저는 아이들을 향해 제가 궁금한 것을 물었습니다.

"불을 인간들에게 주면 왜 안 될까?"

그제야 아이들은 알겠다는 표정을 지었습니다. 가장 먼저 태이가 손을 번쩍 들더니 말했습니다.

"저도 제우스한테 궁금한 게 있어요!"

"뭔데?"

"제우스를 만난다면 물어보고 싶어요. '제우스야, 너는 프로메테우스가 인간들에게 불을 준 것이 왜 그렇게 싫었니?'라고요."

태이의 말에 아이들이 한바탕 웃었습니다. 이윽고 다른 아이들도 덩달아 질문했습니다.

"왜 하필 간을 쪼아 먹게 했을까요? 심장이 아니고."

"인간이 불로 신을 괴롭히지도 않았는데, 왜 프로메테우스에게 벌을 줬어요?"

"프로메테우스야, 너는 왜 인간들에게 불을 줬니? 다른 것도 많았을 텐데."

아이들은 짧은 이야기에서 많은 질문을 만들어냈습니다. 그러고는 한참 동안 질문에 대한 이야기를 나눴습니다. 만약 제가 궁금한 점을 이야기하지 않았다면 아이들은 질문거리를 찾아냈을까요? 한없이 기다리면 아이들이 스스로 궁금한 점을 찾아낼 수 있었을까요?

아이들의 사례에서 알 수 있듯이, 우리는 '안다'고 생각하지만 실제로는 '모르고' 있는 경우가 많습니다. 만약 아이들에게 그리스 로마 신화 이야기를 들려주고 질문할 시간을 주지 않았다면, 아이들은 자신이 어떤 궁금증을 갖고 있는지조차 모르는 채 지나쳤을 겁니다. 제가 먼저 저의 궁금증을 꺼냄으로써 아이들도 자신의 머릿속을 들여다볼 수 있는 계기가 된 것이죠.

'이 이야기에서 이해가 되지 않는 부분이 있었나?'
'이 이야기에서 이상하다고 생각되는 부분이 있었나?'

자신의 머릿속을 한 번 더 들여다보게 되자 아이들은 자신의 궁금증을 발견하게 됐습니다. 이처럼 질문은 정보를 이해하려는 과정에서 모르는 것이나 의심되는 부분을 발견했을 때 자연스럽게 생깁니다.

'이게 무슨 말이지?'
'이 내용이 확실한가?'
'다른 경우는 없을까?'
'나는 다르다고 알고 있었는데.'

즉, 질문은 자신이 무엇을 모르고 무엇을 더 알고 싶은지에 대해 끊임없이 묻는 과정입니다. 따라서 자신에 대해 잘 알아야 질문도 잘할 수 있습니다.

노벨 물리학상 수상자인 물리학자 이시도어 라비(Isidor Isaac Rabi)는 어린 시절 학교에서 돌아오면 늘 어머니로부터 질문을 받았다고 합니다. 그런데 라비의 어머니가 던진 질문은 조금 달랐습니다. "오늘 뭐 배웠어?"가 아니라 "오늘은 얼마나 좋은 질문을 했니?"라고 물은 것입니다. 라비의 어머니는 질문의 힘을 믿고 계셨던 거죠.

좋은 질문은 아이에게 많은 지식을 습득하는 것보다 더 많은 것을 가능하게 해줍니다. 잠자고 있던 아이의 호기심, 탐구심 등 다양한 욕구를 깨워주죠. 더 많은 것을 보고 느끼고 이해하게 함으로써 아이를 지혜롭게 만들어주기 때문입니다.

나를 객관적으로 알게 되는 메타 인지

앞서 이야기한 것처럼 자신을 잘 아는 것을 메타 인지라고 합니다. 자신을 객관적으로 인지해서 '나'를 정확히 알 수 있는 능력이죠. 메타 인지를 설명하면 사람들은 대체로 어떻게 자기 자신을 모를 수 있냐고 되묻습니다. 그리고 자신은 자신이 가장 잘 알고 있다고 말하죠. 다소 엉뚱한 말처럼 들릴 것입니다. 하지만 많은 사람이 자신을 정확히 인지하지 못합니다. 어떤 대상에 대해 잘 아는 것 같아도 설명을 잘하지 못하거나, 생각이 잘 나지 않거나, 생각의 근원을 묻는 질문에 답하지 못하는 것처럼 말이죠.

메타 인지 능력을 키워주는 열쇠가 바로 질문입니다. 아이는 질문을 통해 자신이 아는 것과 모르는 것이 무엇인지, 필요한 정보와 불필요한 정보가 무엇인지 명확히 알게 됩니다.

'나는 왜 그렇게 생각했지?'
'나는 왜 생각이 잘 나지 않지?'
'왜 책 내용을 이해하기 힘들지?'
'나는 왜 이 이야기가 재미있지?'

질문이 생각을 만들고, 생각은 자신에게서 나옵니다. 이때 질문은 아이의 메타 인지 능력을 저절로 향상시켜주는 역할을 합니다. 이러한 메타 인지 능력은 학습에도 많은 도움이 됩니다. 학습도 문제를 인지하는 것에서 시작되기 때문이죠.

'아, 내가 이 부분을 이해하지 못해서 문제를 못 풀었구나!'

자신의 문제를 파악한 아이는 그것을 해결하기 위해 다양한 방법을 활용하려고 할 겁니다. 이렇게도 해보고, 저렇게도 해보는 과정에서 아이는 또 다른 질문을 만들게 되고, 문제를 해결할 수 있는 방법들을 스스로 찾을 것입니다. 꼬리에 꼬리를 무는 질문을 통해 자신이 알고자 하는 것 이외에도 더 많은 지식을 얻을 수 있을 테고요.

학습은 배우고자 하는 사람이 주체적으로 행동하지 않으면 제대로 이루어지기 어렵습니다. 지적 성장은 지식의 양으로 이루어지는 것이 아니라 스스로 질문하고 생각하고 생각을 수정하면서 키워지니까요.

아이는 부모와 함께 성장한다

질문을 통한 메타 인지의 향상은 아이뿐만 아니라 부모에게도 큰 도움을 줍니다. 부모는 아이와의 대화를 통해서 자신도 몰랐던 자신에 대해 알게 되기 때문입니다.

'내가 우리 아이에 대해 이런 점을 잘 모르고 있었구나!'
'내가 우리 아이에 대해 잘못 생각하고 있었구나!'

이와 같은 생각의 발견은 부모가 아이를 더 잘 알게 됐다는 증거입니다. 동시에 자신에 대해서도 더 잘 알게 됐다는 뜻이기도 하고요. 즉, 아이와 나누는 대화 속에서 부모의 메타 인지도 깨어난다는 것입니다.

컬럼비아대학교 바너드칼리지 심리학과의 리사 손(Lisa Son) 교수는 〈EBS 부모 특강 0.1%의 비밀〉에서 "아이의 메타 인지를 깨우는 비밀은 부모 자신의 메타 인지를 깨우는 것"이라고 전하고 있습니다. 다시 말해 부모의 메타 인지를 키워야 아이의 메타 인지도 자라난다는 말입니다. 그 방법으로는 부모의 개인적인 이야기를 아이에게 들려주는 것이 효과적이라고 합니다. 아이는 부모의 이야기를 듣고 부모도 완벽하지 않다는 것을 알게 됩니다. 아이의 눈에는 부모가 모든 것을 다 알고 잘할 것처럼 보일 것입니다. 하지만 부모도 끊임없이 생각하고 노력하는 사람이라는 것을 알게 해주고 부모 스스로 질문하고 생각하는 모습을 보여주면 아이도 메타 인지가 함께 상승한다고 합니다.

서로의 생각을 밖으로 꺼내게 도와주고 동시에 메타 인지를 상승시키는 시작은 바로 좋은 질문이라는 것을 기억하세요. 자신의 생각을 꺼내는 과정에서 자신을 더 깊이 알게 될 뿐만 아니라, 부모와 아이가 서로를 더 잘 이해하게 된다는 것도요. 그렇게 부모와 아이가 풍성한 대화를 나누면 서로에게 행복하고 즐거운 시간을 선사해 줄 겁니다.

좋은 질문을 이끄는 생활 속 학습 도구들

　엄마가 길을 걷던 중에 갑자기 아이에게 '나라를 빼앗긴다는 것은 어떤 의미일까?'라고 묻는다면, 아이는 갑작스러운 질문에 당황한 얼굴로 엄마를 빤히 쳐다볼 것입니다. 그런데 엄마가 아이와 함께 식민지 시대의 역사가 소개된 박물관에 다녀온 후 같은 질문을 했다면 어떨까요? 평소라면 생각해보지 않았던 주제에 대해 아이도 좀 더 쉽고 다양하게 생각해볼 수 있을 것입니다.

'눈에 보이지 않는 나라를 어떻게 빼앗을 수 있지?'
'왜 남의 나라를 빼앗을까?'
'빼앗으면 자기네 나라가 될까? 말도 안 통하는데?'

다양한 박물관 견학을 하거나 역사적 의미가 있는 곳을 방문한 경험은 자연스럽게 아이에게 좋은 질문을 할 수 있는 기회를 만들어줍니다. 영화나 텔레비전의 뉴스, 다큐멘터리 같은 영상 매체의 소재, 또는 평범한 일상의 소재도 충분히 좋은 질문의 도구가 됩니다. 하지만 현실적으로 한계는 있습니다. 박물관이나 유적지는 가까운 곳이 아니면 자주 가기 힘들다는 단점이 있고, 텔레비전에서 방송되는 어린이 프로그램이나 뉴스를 부모가 함께 시청하지 않는다면 질문거리가 생기지 않기 때문입니다. 아이와 부모가 한 공간에 있어도 놀이나 활동을 공유하지 않으면 마땅한 질문거리가 생기지 않을 겁니다.

아이와 좋은 질문을 주고받을 수 있는 방법은 무엇일까요? 시간과 공간의 제약을 많이 받지 않는 좋은 질문 도구는 무엇일까요? 바로 책입니다. 엄마와 아이가 집에서도 함께 볼 수 있고, 길을 걷다가도 밥을 먹다가도 책에서 함께 본 내용을 중심으로 대화를 할 수 있죠. 그만큼 책은 좋은 질문 도구입니다.

시각과 언어를 활용하는 그림책

부모와 아이가 함께 질문을 주고받기에 좋은 소재를 제공하는 책으로는 그림책을 빼놓을 수 없습니다. 그림책은 시각과 언어의 두

가지 방식으로 소통할 수 있기 때문입니다. 그림 한 컷만으로 수십 개의 질문을 만들 수도 있어요. 아이는 엄마가 읽어주는 이야기를 들으며 재잘재잘 궁금한 것들을 물어볼 수도 있습니다. 그림책을 통해 부모와 아이는 일상에서 할 수 없는 다양한 질문의 기회를 갖게 됩니다. 그 과정에서 서로의 새로운 면을 발견하기도 하죠.

'우리 아이는 이런 생각을 하고 있구나!'
'우리 아이는 이런 이야기를 좋아하는구나!'
'우리 아이는 요즘 이런 것에 관심이 있구나!'

부모는 아이와 함께 질문과 답을 주고받으며, 아이를 더 잘 이해할 수 있게 됩니다. 그 과정에서 아이의 생각이 어떻게 성장하고 있는지, 부모가 어떤 부분을 도와줘야 할지 파악할 수도 있습니다. 아이도 마찬가지입니다.

'우리 엄마는 나와 다르게 그런 생각을 했구나!'
'엄마는 그런 것들을 중요하게 생각하는구나!'
'내 생각도 어른들의 생각만큼 근사하구나!'

부모와 아이가 서로 질문하고 답하는 소통의 경험들이 쌓이면 앞으로 아이의 생각을 성장시켜줄 디딤돌이 됩니다. 무한한 세계가 펼쳐진 그림책 속 세상에서 부모와 아이가 자유롭게 질문하고 생각을 표현하는 경험은 그만큼 큰 힘이 됩니다.

현실을 들여다보는 눈을 길러주는 고전 문학

나를 변화시킬 수 있는 사람이 지혜로운 사람입니다. 지혜로운 사람과 닮은 책이 있습니다. 모든 책이 지혜를 담고 있겠지만, 그중에서도 고전은 사람을 변화시킬 수 있는 지혜로 가득 차 있습니다. 나와는 다른 삶을 산 사람의 이야기를 통해 나를 들여다보게 하고, 다른 시대를 디딤돌 삼아 오늘의 우리를 돌아보게 만들어주니까요. 그리고 삶을 살아가면서 내가 어떤 생각을 해야 하는지, 어떻게 행동해야 하는지에 대한 도움의 말들도 전해줍니다.

하지만 안타깝게도 이처럼 고전이 주는 좋은 영향들을 몸소 느껴본 아이는 드뭅니다. 아직도 고전 문학은 읽고 싶은 것이 아니라 읽어야 하는 것으로 생각하는 아이들이 많습니다. 아마도 고전 문학이 가진 진짜 재미를 느껴보지 못했기 때문일 겁니다.

고전 문학이야말로 질문거리가 넘쳐나는 지혜의 보고입니다. 독자가 책에 던지는 질문, 그리고 책이 독자에게 던지는 질문으로 가득합니다. 이러한 질문들이 고전 문학 읽기에 재미를 더해주죠. 과거 세상을 담험하는 재미, 보이지 않던 것이 보이게 되는 재미, 작가와 대화하는 재미를 주기 때문입니다. 단순히 이야기만 알면 진정한 재미를 느낄 수 없습니다. 질문을 통해 책 속 세상으로 한층 더 깊이 들어가야 느낄 수 있습니다. 고전 문학 속 이곳저곳을 재미있게 여행하면서 좋은 질문을 떠올려본 아이는 단지 고전 문학 속 세상이 허구만은 아니라는 것을 느끼게 됩니다.

'이 인물은 왜 이 상황에서 이런 행동을 했지?'
'이 인물은 내가 아는 누구와 비슷한데?'
'이렇게 말도 안 되는 시대가 있었어? 정말 웃긴다!'
'책 속 세상이 지금 세상이랑 별로 다를 게 없는데? 세월이 많이 흘렀는데도 조금도 변하지 않았다니!'

이렇게 좋은 질문을 떠올리게 되면 아이는 한 번도 가보지 않은 새로운 세상을 경험하게 됩니다. 그리고 책 속 세상을 보는 동시에, 현재의 세상도 함께 보는 눈을 갖게 됩니다. 고전을 읽고 좋은 질문을 떠올려보는 연습은 시공간을 뛰어넘어, 다양한 관점으로 세상을 바라볼 수 있게 도와줍니다. 그리고 이러한 관점을 갖게 된 아이는 다른 사람을 이해하는 능력도 뛰어날 뿐 아니라 자기 자신에 대해서도 잘 이해할 수 있습니다.

개념과 원리를 익히는 기초 지식 창고, 비문학

　비문학은 과학, 역사, 사회, 수학, 철학 등 객관적이며 사실적인 내용을 광범위하게 다룹니다. 문학과는 다른 방향으로 아이의 생각을 넓힐 수 있고 다양한 분야의 질문을 이끌어낼 수 있는 좋은 도구입니다. 아이가 반드시 알아야 하는 기본적인 개념과 원리를 이해할 수 있는 방법을 알려주고, 여러 분야의 배경 지식도 쌓을 수 있게 도와줍니다.

　'이런 상상도 가능하구나!'
　'이런 방법으로 생각할 수도 있구나!'
　'이런 방법으로 문제를 해결할 수도 있구나!'

　비문학 분야의 책을 읽으면서 아이는 작가가 가졌던 호기심, 엉뚱한 상상, 비판적 사고, 관점의 변화 등을 접하고 다양한 사고방식을 배울 수 있습니다. 문제를 발견하고 해결하기까지 저자가 스스로 던졌던 수많은 질문이 무엇이었을지 생각해보는 경험도 할 수 있습니다. 미국의 저명한 교육학자이자 문명비평가인 닐 포스트만(Neil Postman)은 이렇게 말했습니다.

　중요하고 적설하며 충분한 질문들을 어떻게 던지는지 배웠다면 이제

당신은 어떻게 배우는지를 배운 셈이고, 당신이 앞으로 무엇을 알고자 하든 그 누구도 당신의 배움을 막을 수는 없다.

스스로 질문하고 탐구하며, 문제를 인지하고 해결하려고 노력하는 것이 진정한 배움이라는 뜻이죠. 비문학을 통한 좋은 질문은 아이에게 진정한 배움이 무엇인지 느끼게 해줄 것입니다.

공감을 위한 첫걸음, 예술 작품 감상

미술 작품은 예술가가 경험한 감정을 담은 이미지이며, 작품을 보는 사람은 감상을 통해 작가의 감정을 이해할 수 있습니다. 톨스토이는 예술과 예술가, 그리고 예술을 감상하는 사람에 대해 이렇게 말했습니다.

예술의 과정은 자신이 경험한 감정을 자기 자신 속에 불러일으키는 것이다. 그리고 예술가는 운동, 선, 색채, 소리, 말을 이용해 다른 사람들도 그와 같은 감정을 경험하도록 하는 것이다.

감상은 단순히 사물을 보는 것과는 다릅니다. 감상은 감상자의 감정이나 생각을 이끌어내는 과정입니다. 만약 미술 작품이나 공연, 건축물을 보고 '아름답다', '슬프다', '마음이 무겁다' 같은 감정이 생겼다면, 왜 그런 감정이 생겼는지에 대한 질문도 떠오를 것입니다.

'내가 슬픈 느낌이 든 이유가 저 그림의 색 때문인가?'
'마음이 무거워진 이유가 그림 속 인물의 어두운 표정 때문인가?'
'이 작가는 왜 이런 색을 썼지?'
'이 공연에는 왜 이런 음악을 사용했을까?'
'왜 이 건축물은 화려한 장식을 많이 사용했을까?'

예술가의 작품을 감상하다 보면, 이처럼 자연스럽게 좋은 질문들이 떠오릅니다. 그럼 감상자는 예술 작품에 대해 자유롭게 질문하고 답할 수 있습니다. 이처럼 아이도 예술 작품을 감상하고서 새로운 관점으로 사물을 바라보며, 생각이 확장되는 경험을 할 수 있습니다.

3장

관찰하고 상상하고 표현하기 좋은 그림책 질문법

그림책을 읽는 유아기는 사고(思考)가 급격히 발달하는 시기입니다. 이때 부모와 아이가 그림책을 함께 읽으며 질문을 주고받는 경험은 아이의 사고 발달에 큰 도움이 됩니다. 그림책에는 우리가 볼 수 없는 아주 작은 세상도 있고, 우주보다 넓은 세상도 있습니다. 마치 자신의 일상을 그려놓은 듯한 현실도 있고, 도저히 이해할 수 없는 이상한 세계도 담겨 있습니다. 틀을 가늠할 수 없이 넓은 그림책 속 세상에서 아이는 많은 생각의 기회를 가집니다.

'동화책 속에서처럼 사람이 동물과 대화할 수 있다면 어떨까?'
'수박 수영장에서 수영하는 기분은 어떨까?'
'나에게도 무엇이든 그리기만 하면 그 그림이 살아 움직이는 마법의 펜이 있다면, 나는 제일 먼저 뭘 그릴까?'
'내가 개미만큼 작아졌다면 이 세상이 어떻게 보였을까?'

아이는 그림책의 주인공과 함께 일상에서는 경험할 수 없는 다양한 곳을 여행하고 신기한 사건들을 경험하며, 생각의 봉오리를 만듭니다. 이때 아이의 생각을 자극하는 좋은 질문은 아이의 생각 봉오리를 활짝 피게 합니다.

> ## 작은 것도 놓치지 않는
> 관찰력을 키우는 질문

아홉 살 도현이는 그림 보기를 좋아합니다. 도현이와 『엘리베이터』라는 책을 함께 읽었습니다. 이 책은 공룡을 좋아하는 주인공 아이가 엘리베이터에 탄 사람들을 공룡의 모습으로 상상하는 내용입니다. 도현이는 책장을 한 장 한 장 넘길 때마다 자신이 아는 공룡이 나오면 반가워했습니다.

"브라키오사우루스네!"

"이건 프테라노돈이고!"

자기가 아는 공룡을 열심히 찾고 있는 도현이에게 그림 속 공룡 한 마리를 가리키며 이렇게 질문했습니다.

"이 공룡 봐. 표정이 이상하지 않아?"

"이 공룡은 뭔가를 들고 있네. 뭐지?"

도현이가 공룡의 모습과 행동, 표정 등을 유심히 볼 수 있도록 질문한 것입니다. 도현이는 공룡의 표정을 보더니 말했습니다.

"어! 정말 표정이 웃겨요. 장난꾸러기 같아요."

"이 공룡은 머리에 어항을 썼네! 어항 안에 물고기도 있어! 웃긴다! 아, 알았다! 이 공룡은 해룡이라서 그렇구나!"

"이 공룡은 왜 허리가 굽었지? 혹시 할아버지 공룡 아니야? 하하하."

도현이는 그림에서 발견한 것들을 줄줄이 이야기하더니 한마디 더했습니다.

"마치 숨은 그림 찾기 하는 것 같아요!"

도현이는 공룡들의 모습에서 특이한 점을 발견하는 것을 재미있어했습니다. 더 찾을 것이 있는지, 그림을 뚫어지게 보고 또 보았습니다.

또 다른 친구인 일곱 살 지윤이와 서윤이는 쌍둥이입니다. 저는 두 아이와 함께 이탈리아의 유명한 그림책 작가 마리안나 코포의 『이야기 기다리던 이야기』라는 그림책을 읽었습니다.

책의 본문 첫 장을 넘기자 왼쪽 페이지에 "옛날 옛날에 새하얀 종이 한 장이 있었어요"라는 한 문장만 흰 종이에 덩그러니 적혀 있었고, 오른쪽 페이지는 하얗게 텅 비어 있었습니다. 서윤이는 책을 펼치고는 깜짝 놀라며 말했습니다.

마리안나 코포, 『이야기 기다리던 이야기』(딸기책방) 속 삽화

"그림책인데 왜 아무 그림도 안 그려져 있지?"

지윤이도 잠시 생각하더니 입을 열었습니다.

"우리보고 그림을 그리며 이야기를 만들라는 건가?"

서윤이가 지윤이를 돌아보며 말했습니다.

"아니면, 이제부터 이야기가 만들어질 거라는 뜻인가?"

지윤이와 서윤이는 책의 흰 여백만큼 생각이 많아진 듯했습니다. 저는 두 아이의 표정을 살피며 책장을 한 장 더 넘겼습니다. 드디어 그림이 등장했습니다. 양쪽 페이지에 토끼를 비롯해 다섯 마리 동물들이 그려져 있었죠. 이 동물들은 다음 장에서 자기들이 어떻게, 언제, 왜 이 흰 종이 안에 들어왔는지 모르겠다고 이야기합니다. 한

마리안나 코포, 『이야기 기다리던 이야기』 (딸기책방) 속 삽화

동물이 두리번거리다가 말합니다.

"우린 지금 책 속에 들어와 있는 거 같아."

다른 동물들이 말합니다.

"그럼 이야기를 기다리면 되겠다!"

"맞아! 우리, 기다리자."

이 책은 이렇게 동물들이 이야기를 기다리는 이야기 책입니다. 책장을 또 넘기자, 왼쪽 페이지에는 토끼가 그려져 있고, 오른쪽 페이지에는 다른 네 마리의 동물들이 그려져 있었습니다.

저는 아이들에게 질문했습니다.

"토끼는 왜 계속 왼쪽 페이지에 있을까? 그리고 다른 동물들은 왜 오른쪽 페이지에 있고?"

서윤이가 답했습니다.

"진짜 그렇네요. 왜 그럴까? 왜 같이 놀지 않지?"

서윤이는 책장을 넘길 때마다 실마리를 찾기 위해 더 집중해서 그림을 살펴봤습니다. 이야기가 반 이상 진행됐지만, 토끼는 여전히 왼쪽 페이지에 머물러 있었습니다. 그때 서윤이가 무언가 발견한 것 같았습니다.

"어! 토끼는 계속 왼쪽 페이지에서 그림을 그리고 있어요. 다른 동물들은 오른쪽 페이지에서, 토끼가 있는 곳의 반대쪽만 보고 있고요. 토끼가 있는 곳은 토끼가 그리는 그림 때문에 계속 이야기가 생겨요. 그런데 다른 동물들이 있는 곳은 아무것도 안 생겨요. 오른쪽 동물들이 토끼 쪽을 보면 좋겠는데. 왜 안 보지? 토끼가 재미있는 이야기를 만들고 있는데."

등장인물들만 관찰하던 서윤이는 시야를 넓혀 책 전체의 공간을 관찰하기 시작했습니다. 반면 지윤이는 토끼가 그린 그림들을 자세히 관찰하며 말했습니다.

"토끼가 그린 나무가 진짜 나무로 변했어요! 토끼가 그린 것은 모두 진짜가 됐어요! 토끼의 펜은 마법의 펜인가 봐요!"

"펭귄도 놀러 왔네!"

"나무에 새가 알을 낳기도 했어요! 귀엽다!"

시윤이는 토끼가 그린 그림들을 한참 보더니 토끼가 부러운 듯 말했습니다.

"저도 토끼의 펜 같은 마법 펜이 있으면 좋겠어요."

그리고 작은 소리로 중얼거렸습니다.

"내게 마법 펜이 있다면, 뭘 제일 먼저 그릴까?"

지윤이는 마법 펜을 가진 자신을 상상하고 자신이 그 펜으로 그리고 싶은 것들을 구체적으로 떠올렸죠.

"저는 마법 펜이 생기면, 제일 먼저 이층 침대를 그릴 거예요. 서윤이랑 같이 이층 침대에서 놀 수 있게요."

저는 지윤이의 생각이 재미있어서 물었습니다.

"그런 이층 침대는 가구점에 가서 사면 되잖아. 이층 침대보다 더 특별한 침대는 없을까?"

지윤이는 두 눈을 반짝이며 대답했습니다.

"아, 침대가 우리를 원하는 곳으로 데려다줄 수 있게, 침대에 날개를 달아주면 좋겠어요!"

일상의 새로움을 발견하는 관찰 활동

그림책은 아이의 관찰력을 키워줄 수 있는 좋은 도구입니다. 관찰은 단순히 보는 행위가 아니라 한층 더 주의 깊게 보는 것입니다. 주의 깊게 보면 미처 보지 못했던 것들을 발견하게 되죠. 그래서 관찰력이 좋은 아이는 그렇지 않은 아이보다 더 많은 것을 볼 수 있습니다. 무언가를 볼 수 있다는 의미는 자신이 보고 있는 것들에 숨겨져 있는 여러 정보들을 읽어낼 수 있다는 의미와 같습니다.

아이들이 보는 그림책에는 작가가 독자에게 전달하고자 하는 메시지뿐만 아니라 글로는 다 표현할 수 없는 다양한 정보들이 담겨 있습니다. 그림을 잘 관찰하면 도현이처럼 뒷이야기를 유추하거나 서윤이처럼 작가가 공간을 통해 이야기하고 싶었던 등장인물들의 상반된 행동을 읽어낼 수 있죠. 그리고 지윤이처럼 책과 연관된 아이만의 상상의 세계를 머릿속에 그려볼 수도 있습니다. 즉, 책을 그냥 읽는 것이 아니라 생각하면서 읽을 수 있게 됩니다.

일상생활에서도 관찰하는 습관을 키울 수 있습니다. 아이와 엄마가 산책을 하고 있었습니다. 엄마가 보도블록 사이의 작은 틈에서 자라난 어린 풀을 가리키며 말했습니다.

"어머, 여기에 새싹이 돋았네!"

아이는 엄마가 가리키는 쪽으로 고개를 돌려 새싹을 봅니다. 그리고 생각합니다.

'며칠 전에는 이곳에 새싹이 없었구나.'
'이렇게 좁은 틈에서도 새싹이 자라날 수 있구나.'
'어떻게 이렇게 좁은 틈에서 자랐지? 누군가가 여기에 심었나? 아니면, 씨가 바람을 타고 날아왔나?'

한참 걷다 엄마가 걸음을 멈추고 이번엔 하늘을 가리킵니다.
"오늘은 저 멀리 서울 타워까지 보이네. 미세 먼지가 없나 봐."
아이는 엄마의 손가락을 따라 서울 타워가 얼마나 또렷이 보이는지 자세히 봅니다. 그러고는 또 생각합니다.

'오늘은 맑은 날이네.'
'맑은 날엔 저렇게 멀리까지 볼 수 있구나.'
'그동안 미세 먼지가 참 많았구나.'
'미세 먼지는 왜 생길까?'
'미세 먼지는 언제부터 많아졌을까?'
'우리나라만 미세 먼지가 많을까? 다른 나라는 어떨까?'

엄마가 잠시 걸음을 멈추고 아이와 함께 무언가를 바라봤을 뿐인데, 아이는 짧은 시간에 많은 생각을 했습니다. 목적지를 향해 빨리 걷기만 했으면 일어나지 않았을 일이죠.
그림책으로 아이의 관찰력을 키울 수 있는 방법도 이와 같습니다. 엄마는 그림 구석구석을 가리키며, 아이가 미처 보지 못하고 지나칠 수 있는 부분들을 보게 해주면 됩니다. 아이는 자연스럽게 엄마가 가리키는 곳을 주의 깊게 관찰할 것입니다. 엄마는 아이가 보고 있는 이미지를 충분히 읽어낼 때까지 시간을 주면 됩니다.

관찰 질문 1. 동화적 상상을 뛰어넘기

많은 부모가 그림책에서 글을 읽는 데만 집중하고 그림 보기를 소홀히 합니다. 그림책을 읽어주면서도 아이에게 이야기를 들려주기만 할 뿐 그림에 담긴 작가의 메시지와 수많은 상징들을 놓치고 있죠.

"글은 그냥 읽어주면 되는데, 그림은 아이에게 어디를 어떻게 보여줘야 할지 모르겠어요."

그림을 관찰하는 방법에는 정해진 것이 없습니다. 하지만 효과가 좋은 방법은 있죠. 아이가 관심 있게 보는 것부터 관찰하게 하면 됩니다. 공주를 좋아하는 아이는 공주부터, 동물에 관심 있는 아이는 동물부터 관찰하게 해보세요. 아이는 금세 그림을 관찰하는 것에 재미를 붙일 것입니다. 아이가 특별히 좋아하는 대상이 없다면, 이야기의 주인공부터 관찰을 시작하게 해봐도 좋습니다.

『종이 봉지 공주』의 주인공인 엘리자베스 공주는 로널드 왕자와 결혼하기로 돼 있었습니다. 책의 첫 페이지에는 공주가 반짝이는 눈으로 왕자를 바라보며 미소 짓는 모습이 그려져 있습니다. 그런데 왕자는 새침한 표정을 지으며 공주에게 등을 돌리고 서 있습니다. 이 장면을 가리키며 아이가 인물의 행동과 표정을 잘 관찰할 수 있도록 질문해봅시다.

"엘리자베스 공주와 로널드 왕자의 표정 좀 봐. 왜 이런 표정을 짓고 있을까?"
"공주는 왕자에게 하트를 날리며 웃고 있는데, 왕자는 표정이 왜 이렇지?"

인물의 행동과 표정을 읽으면, 그 인물의 마음 상태를 알 수 있습니다. 책의 첫 페이지에 그려진 그림에서 우리는 공주와 왕자가 서로 사랑하는 마음의 크기가 다르다는 것을 알 수 있습니다. 글에는 나와 있지 않은 정보조.

다음 페이지에는 갑자기 용이 나타나 왕자를 잡아가고 옷이 다 불타버린 공주가 종이 봉지를 몸에 걸치고 있는 모습이 그려져 있습니다. 드레스를 입었던 아름다운 공주가 한순간 버려진 종이 봉지를 걸친 거지꼴이 된 것입니다. 공주의 변화에 이렇게 질문해볼 수 있습니다.

"공주는 자신의 모습을 보고 어떤 감정이 들었을까?"
"왜 그런 감정이 들었을까?"
"공주는 속으로 무슨 생각을 하고 있을까?"

온몸이 잿빛투성이가 된 공주가 몸에 종이 봉지를 걸친 채 주먹을 쥐고 입술을 꽉 다문 모습을 잘 관찰하면, 아이는 공주가 얼마나 화가 났을지 짐작할 수 있습니다. 자신이 너무나 사랑하는 왕자를 용이 잡아갔기 때문이죠.

공주는 사랑하는 왕자를 구하려고, 공주라는 체면을 뒤로 한 채 종이 봉지를 주워 걸치고 왕자를 구하러 갑니다. 공주는 위험을 무릅쓰고 왕자를 구했는데, 왕자는 자신을 구해준 공주에게 고맙다고 인사하기는커녕 공주의 모습이 지저분하다며 다시 예쁘게 차려 입고 오라고 말합니다.

"그래, 로널드. 넌 옷도 멋지고 머리도 단정해. 진짜 왕자 같아. 하지만 넌 겉만 번지르르한 껍데기야!"

공주는 왕자를 멋지게 차버립니다. 그리고 종이 봉지를 걸친 채 두 팔을 벌리고 신나게 펄쩍 뛰어오르는 공주의 모습으로 이야기는 끝납니다.

왕자의 시큰둥한 표정과는 달리 사랑이 가득 찬 눈으로 왕자를 보는 공주의 모습, 그리고 사랑하는 왕자를 잡아간 용을 용서할 수 없다는 비장한 공주의 모습에서 공주가 왕자를 얼마나 사랑하는지 알 수 있죠. 왕자에 대한 공주의 사랑이 얼마나 큰지 알기 때문에, 마지막 장면에서 공주가 진정한 사랑을 모르는 왕자에게 던지는 한마디는 더 통쾌하게 느껴집니다. 이처럼 그림을 잘 관찰하면, 인물이 느끼는 감정에 공감하기 쉽고, 책에 더 몰입할 수 있습니다.

백희나 작가의 『달 샤베트』는 우리에게 익숙한 일상의 모습이 아기자기하게 묘사돼 있어 아이와 함께 그림을 보며 이야기하기 좋은 책입니다. 어느 무더운 여름날, 아파트에 사는 반장 할머니가 창밖을 보다가, 달이 녹아내리는 모습을 발견합니다. 할머니는 고무 대야를 들고 뛰쳐나가 달이 녹은 물방울들을 받아 달 물로 샤베트를 만듭니다. 그런데 갑자기 아파트가 정전이 되면서 주민들이 반장 할머니를 찾아옵니다. 반장 할머니는 더위에 지친 주민들에게 자신이 만든 달 샤베트를 나눠줍니다. 매년 여름이면 겪는 일상적인 무더위지만 작가는 무더위가 달까지 녹인다는 상상으로 독자에게 재미를 더해줍니다.

한여름 밤 아파트 주민들의 거실에서 펼쳐지는 일상의 모습을 관찰해보세요. 주민들은 더위에 지쳐 잠을 설치고, 냉장고에서 시원한 음료수를 꺼내 먹기도 하고, 거실 바닥에 누워 텔레비전을 보기도 합니다. 얼음으로 가득 찬 컵도 보이고, 거실에서 뒹굴뒹굴하는 아이도 보입니다. 책 속 그림의 곳곳을 짚어가며 그림을 자세히 볼 수 있게 질문해보세요.

"이 가족 좀 봐. 거실 소파에 나와서 누워 있네."
"이 가족은 왜 밤 늦도록 잠을 안 잘까?"
"사람들의 표정이 왜 뾰로통하지?"

아이는 자연스럽게 자신이 경험했던 어느 여름 무더웠던 밤을 떠올릴 것입니다. 그럼 녹아내리는 달을 가리키며 아이에게 이렇게 질문해보세요.

"얼마나 더우면 달이 녹았을까?"

아이는 자신이 겪은 가장 더웠던 날보다 더 더운 날을 상상하게 될 것입니다. 반장 할머니가 준 반짝반짝하는 달 샤베트를 들고 있는 주민들의 표정을 보며 이렇게 질문할 수도 있겠네요.

"주민들은 왜 달 샤베트를 멍하니 보았을까?"
"주민들이 먹은 달 샤베트는 얼마나 시원했을까?"

아이는 달을 녹일 만큼 지독한 더위도 잊게 해주는 시원한 맛을 상상할 것입니다. 바로 아파트 주민들이 느낀 그 느낌처럼요. 이렇게 그림을 자세히 관찰하며 던지는 부모의 질문은 아이를 책 속으로 빠져들게 해줍니다. 단순히 책을 읽는 데서만 그치면 줄거리를 이해하는 수준에서 독서가 끝나죠. 그러나 부모의 좋은 질문은 아이가 책에 몰입해 등장인물들처럼 느끼고 생각하며 간접 경험을 할 수 있게 도와줍니다.

관찰 질문2. 자연의 원리를 파헤치기

제 아들은 어렸을 때 공룡 마니아였습니다. 공룡책을 너덜너덜해질 때까지 읽고 또 읽었죠. 하루는 아들에게 물었습니다.

"공룡 꼬리는 왜 이렇게 길어?"

아들은 공룡책 속 브라키오사우루스의 꼬리를 보며 말했습니다.

"정말 기네."

그러더니 책장을 넘겨 다른 공룡들의 꼬리도 관찰하더라고요. 그래서 또 물었습니다.

"공룡 꼬리가 길면 움직이기가 불편했겠다. 짧으면 더 좋았을 텐데…. 그런데 공룡 꼬리가 짧아지면 어떻게 될까?"

여섯 살 아들은 아무 말 없이 한동안 생각에 잠겼었는데, 그 모습이 지금도 기억납니다. 혹시 공룡 꼬리가 왜 긴지 생각해본 적이 있나요? 바로 몸의 균형을 이루기 위해서입니다. 브라키오사우루스처럼 목이 길면, 그만큼 꼬리도 길어야 하죠. 만약 꼬리가 짧아진다면, 아마도 공룡은 앞으로 고꾸라질 것입니다.

이처럼 자연에서 사는 다양한 생물들은 어디서 어떻게 사는지에 따라 다양한 형태를 띱니다. 관찰을 통해 그런 정보들을 알 수 있죠. 공룡, 곤충, 동물, 식물 등을 다루는 도감이나 그림책 형식으로 된 자연 관찰 그림책은 아이의 관찰력을 기를 수 있게 도와줍니다. 그리고 자연스럽게 생물에 대한 학습을 가능하게 합니다. 아이가 책을 보며 다양한 생물의 이름들을 외우는 것도 좋지만, 생물들의 모습을 관찰하게 질문해보세요.

"왜 메뚜기 다리에는 가시처럼 작은 뾰족한 것들이 나 있을까?"
"왜 곤충은 갈고리 같은 발톱을 가졌을까?"

아이가 미처 발견하지 못한 작은 부분까지도 질문해보세요.

"메뚜기의 앞다리와 뒷다리는 왜 길이가 다를까?"
"왜 곤충의 더듬이는 모두 한 쌍일까?"

생물의 모습에 대해 '왜?'라는 질문을 해도 좋습니다. 당연하게 나뉘어 있는 암컷과 수컷을 비교해보는 질문도 좋고요.

"사슴벌레의 암컷과 수컷은 왜 모양이 다르게 생겼을까?"

관찰을 통해 자신이 알아낸 정보들은 아이에게 학습의 재미를 더해줄 것입니다.

관찰 질문3. 지도를 펼쳐 세상을 탐험하기

아이들이 보기 쉽게 만들어진 지도 그림책은 대륙별, 나라별 특징이 그림과 간단한 설명글로 구성돼 있어 아이들이 부담 없이 읽을 수 있습니다. 처음부터 이야기를 따라가야 하는 이야기책과는 달리 자신이 원하는 나라, 알고 싶은 소재만 골라 볼 수도 있고요. 나라별 풍습, 산업, 건축물 등 대표적 정보가 그림으로 자세히 표현돼 있어, 그림 보는 재미에 지루할 틈이 없습니다.

하지만 지도책에는 정보가 많다 보니 목적을 정해두지 않으면 책에서 얻은 정보들이 머릿속에서 흐트러져 정확히 기억하지 못하거나 금방 잊어버릴 수 있다는 단점도 있습니다. 그래서 지도책을 읽을 때는 기준(목적)을 정하고 읽으면 좋습니다. 나라별 동물, 건축물, 음식 등의 키워드를 정해서 읽는 방법도 있습니다. 무엇보다 아이가 좋아하는 소재로 시작하면 좋습니다. 특별히 관심 있는 소재가 없다면, 우리나라를 기준으로 삼고 다른 나라들을 탐색해보는 방법도 괜찮습니다.

"우리나라는 어디 있을까? 같이 찾아보자."

대부분 지도책의 첫 페이지에는 세계 지도가 있습니다. 한눈에 지구의 모든 나라를 살펴볼 수 있죠. 먼저 우리나라를 찾아보세요.

그리고 우리나라를 기준으로 주변 나라로 조금씩 범위를 넓혀가는 질문을 해보세요. 해외 여행 경험이 있다면 이런 질문도 좋습니다.

"우리가 지난번에 여행 간 프랑스를 찾아볼까?"

아이가 예전에 가본 나라들을 찾아보게 하세요. 그때의 경험을 떠올리며, 열심히 지도의 구석구석을 살필 거예요.

"프랑스는 우리나라에서 얼마나 멀리 떨어져 있을까? 비행기로 몇 시간쯤 걸렸었지?"

지도상에서는 각 나라들과의 거리를 가늠하기가 어렵습니다. 대체로 아이에게는 먼 나라와 가까운 나라라는 개념만 있을 뿐이죠. 우리나라를 기준으로 다른 나라까지 가는 비행시간으로 생각해보면, 거리를 조금 구체적으로 상상할 수 있습니다. 우리와 가까운 일본까지는 비행기로 한 시간 반쯤 걸리는데, 영국은 열두 시간 정도 걸린다는 걸 알면, 아이는 깜짝 놀라겠죠?

"우리나라에서 제일 먼 나라는 어디일까?"
"비행기로 가면 시간이 얼마쯤 걸릴까?"
"배로 가면 얼마나 걸릴까?"

"비행기가 없었을 때는 사람들이 어떻게 갔을까?"

세계 지도를 보며 아이와 이런저런 상황을 가정하며 글을 읽어보세요. 궁금한 게 많아진 아이가 오히려 부모에게 더 많은 질문을 할 수도 있을 거예요. 또 세계의 나라를 어느 정도 알게 됐다면 대륙별, 나라별 지도를 보며 각 나라의 특징들을 관찰하게 하는 질문도 좋습니다.

"남아메리카의 동부는 산들이 벽을 이루고 있네."
"왜 어떤 산은 갈색이고 어떤 산은 녹색일까?"
"이란은 나라가 온통 황토색이네. 왜 다른 나라와 다를까?"
"유럽에는 성당이 왜 이렇게 많을까?"
"나라별 국경은 어떻게 만들어졌을까?"
"왜 바다 이름에 홍해, 황해, 흑해처럼 색이름을 붙였을까?"

지도에 나타난 이미지들을 아이가 짚어가며 관찰하게 해보세요. 산맥이나 만처럼 아이가 모르고 있던 단어들을 이미지로 기억하게 할 수도 있고, 각 지역의 환경과 문화에 대해서 아이에게 설명해줄 수도 있습니다.

> 한계를 뛰어넘는
> 상상력을 키우는 질문

　초등학교 교과서 수록 작품인 『진짜 투명인간』은 시각 장애인인 블링크 아저씨와 투명인간이 되고 싶은 에밀의 이야기입니다. 피아노 선생님인 에밀의 엄마는 에밀에게 피아노 연습을 하라고 잔소리를 합니다. 에밀은 잔소리가 듣기 싫어 투명인간이 되고 싶어 하죠.
　어느 날, 피아노 조율사인 블링크 아저씨가 에밀의 피아노를 조율하러 에밀의 집에 옵니다. 블링크 아저씨는 시각 장애인이었습니다. 에밀은 앞이 보이지 않는 블링크 아저씨가 피아노를 조율하는 것이 신기했습니다. 블링크 아저씨와 친해지고 싶었던 에밀은 아저씨가 볼 수 없는 색깔들에 대해 알려줄 방법을 찾으려고 고민합니다.
　평소 색에 관심이 많은 아홉 살 서현이와 함께 이 작품을 읽은 후 질문했습니다.

"블링크 아저씨는 에밀이 알려준 색을 머릿속으로 어떻게 떠올렸을까?"

서현이는 블링크 아저씨처럼 지그시 눈을 감고 상상하다가 대답했습니다.

"잘 모르겠어요."

서현이는 블링크 아저씨와 같은 경험이 없어서 상상하기가 힘들었나 봅니다.

"서현이가 블링크 아저씨를 만난다면 알려주고 싶은 색이 있어?"

"네. 지난 주말에 엄마랑 아빠랑 단풍 구경을 갔었는데, 풍경이 엄청 예뻤어요. 그 풍경에서 본 색들을 알려주고 싶어요."

서현이는 눈동자를 굴리며 지난 주말에 본 풍경을 떠올리는 듯했습니다. 그러더니 머릿속에 떠오른 풍경이 금방 사라질까 봐 작은 종이에 풍경을 그리고 색도 칠했습니다.

"제가 직접 본 풍경은 이 그림에 쓴 색보다 훨씬 예뻤어요."

서현이는 자신이 칠한 색이 자신이 본 자연의 색과는 다르다는 것을 강조했습니다.

"그래? 선생님도 한번 그 풍경을 보고 싶다. 어떤 색을 봤는데?"

"빨간…, 아니, 뭐라고 할까? 빨간색은 아닌데, 붉기도 하고, 아직 녹색도 있고…. 뭐라고 말로 표현하기가 어려워요."

마땅한 색이름을 찾지 못해 설명을 하기 힘들어하는 서현이가 다른 감각을 이용해 상상할 수 있도록 질문했습니다.

"그럼 그 색은 어떤 맛과 비슷할까?"

"서현이가 그 풍경을 바라보고 있을 때 느꼈던 느낌은 어떤 음악과 비슷할까?"

그제야 서현이는 감을 잡은 듯 다시 상상하기 시작했습니다. 서현이는 한참 머릿속으로 상상했습니다. 그리고 블링크 아저씨에게 자신이 본 풍경을 이렇게 이야기해주고 싶다고 했습니다.

블링크 아저씨, 우리 동네는 벌써 가을이 되었어요. 가을 아세요? 가을에는 여러 색들이 어울려 함께 춤을 춰요. 겨울이 오기 전에, 그동안 열심히 일했다고 신나게 춤을 추며 놀아요.

춤을 추려고 나무들은 딸기처럼 톡톡 씹히는 달콤한 맛과 레몬처럼 상큼한 맛의 옷으로 갈아입어요. 이건 빨간 단풍잎과 노란 은행잎이에요. 원래 입고 있던 옷이 멋있어서 갈아입지 않는 나무도 있어요. 엄마가 아침마다 해주시는 쌉싸름한 건강 주스 맛의 옷을 입었거든요. 그건 초록색이에요.

춤을 추는 나무들에게 시원한 바람이 불어 나무가 입은 옷들을 팔랑거리게 해요. 그래서 나무들은 춤을 더 신나게 춰요.

햇빛은 피아노의 낮은 도와 높은 미 사이의 음을 치며 춤추기 좋은 음악을 연주해요. 아침에는 햇빛이 차가운 느낌의 흰색이지만, 낮에는 따뜻하고 아늑한 느낌의 흰색 빛을 내거든요.

상상력은 심상(心象)에서 비롯됩니다. 심상은 색이나 소리, 촉감, 모양 등을 머릿속(마음)에 떠올린 것이라는 의미입니다. 경험이 많은 아이일수록 머릿속에서 심상이 더 다채롭게 떠오릅니다. 떠오른 심상은 말이나 글, 또는 이미지처럼 눈에 보이는 것으로 표현할 수 있습니다. 서현이가 색을 맛으로 표현하고, 형태로 떠오른 것을 글로 표현한 것처럼요.

상상은 감정과 맛, 촉감과 음악처럼, 전혀 무관해 보이는 것들을 연결해 새로운 것을 만들 수 있게 합니다. 기발한 생각이 탄생하게 되죠. 이처럼 기발한 생각을 잘하는 사람을 우리는 창의적인 사람이라고 부릅니다. 그림책을 통한 질문으로 아이에게 다양한 상상의 경험을 시켜주세요. 그렇게 모인 경험들이 상상을 잘하는 아이, 상상하기를 즐기는 아이로 만들어줄 것입니다.

상상 질문1. 감각을 다채롭게 활용해 상상하기

아이들에게 상상하라고 하면 대부분 시각적인 이미지를 떠올립니다. 그런데 앞에서 언급했듯이 시각적인 것뿐만 아니라 다양한 감각으로도 상상할 수 있습니다. 소리, 냄새, 촉감, 맛으로도 상상할 수 있죠. 모든 감각을 동원할 수 있는 질문으로 아이의 상상력을 키워보세요. 아이의 감각이 살아 움직이면 더 많은 것들을 느낄 수 있게 됩니다. 이때 아이가 최대한 구체적으로 상상할 수 있게 도와주면 좋습니다.

1. (책 표지를 보고) 이 책은 어떤 내용이 담겨 있을까?

책 표지에는 저자가 말하고자 하는 메시지나 독자에게 던지는 질문이 담겨 있습니다. 책을 읽기 전에 표지를 보며 책에 어떤 내용이 담겨 있을지 아이가 상상할 수 있도록 도와주세요. 그러고 나서 책을 읽으면 아이는 자신의 상상이 맞을지 생각하며 읽기 때문에, 더 집중해서 읽게 됩니다. 만약 자신이 상상했던 내용과 다르다면, 저자의 생각과 자신의 생각을 비교해볼 수 있는 기회가 되기도 하죠.

2. (책을 다 읽고) 뒤에는 어떤 내용이 이어질까?

아이가 책의 뒷이야기를 상상해볼 수 있는 질문을 해보세요. 단, 상상의 이야기라고 해서 책의 내용과 전혀 상관없는 이야기를 만들어서는 안 됩니다. 책의 내용을 토대로 상상해야 하죠. 아이가 이야기의 개연성을 놓치지 않으면서 뒷이야기를 만들 수 있도록 도와주세요.

상상 질문2. 상상한 것을 이야기로 연결지어보기

아이들은 자신이 상상한 것을 이야기로 만들기를 좋아합니다. 그림을 그릴 때도 놀이를 할 때도 아이들은 상상을 구체화해가며 이야기를 만듭니다. 그런데 막상 아이가 만든 상상의 이야기를 들어보면, 개연성이 떨어지는 경우가 많습니다. 갑자기 마법사나 영웅이 등장해 모든 문제를 다 해결하거나 등장인물이 갑자기 죽으면서 이야기가 끝나기도 하죠.

초등학교 1학년 지우도 상상하기를 좋아합니다. 외동이라 집에서 혼자 놀 때는 늘 종이에 그림을 그리며 상상 이야기를 만듭니다. 하루는 지우가 자신이 만든 이야기책들을 가져와 저에게 보여줬습니다. 복사 용지를 접어서 만든 지우의 이야기책들은 대부분 글 없는 그림책이었습니다. 그중 한 권을 가리키며 지우에게 물었습니다.

"지우야, 이 책은 어떤 이야기야?"

지우는 책장을 한 장 한 장 넘기며 설명해줬습니다.

"아기 유령 구름이가 주인공인데요. 여행을 하는 이야기예요. 구름이가 길을 가다가 고양이를 만나요. 고양이는 구름이를 따라서 같이 여행을 해요. 조금 가다가 구름이랑 비슷한 유령인 하늘이를 만나요. 그래서 하늘이도 같이 가요. 그런데 갑자기 길이 막혀요. 그때 새 한 마리가 나타나 구름이랑 하늘이, 고양이를 등에 태우고 날아, 길이 있는 곳에 내려줘요. 다섯 시간쯤 걸어가니 마을이 나타나요. 그런데 마을이 너무 높은 곳에 있어서 올라갈 수가 없었어요. 그래서 여행이 끝나요."

지우의 이야기를 들어보니 지우의 상상력을 조금 더 발전시켜주면 좋겠다는 생각이 들었습니다. 그리고 지우가 좀 더 구체적으로 상상할 수 있도록 질문하는 방법을 선택했습니다.

"아기 유령 구름이는 왜 여행을 떠났을까?"
"구름이는 어디로 여행을 가려고 했을까?"
"고양이는 왜 구름이를 따라갔을까?"
"구름이는 자신과 같은 유령인 하늘이를 만났을 때 어떤 기분이 들었을까?"
"하늘이는 왜 구름이를 따라 여행을 갔을까?"
"둘은 어떤 이야기를 나눴을까?"
"구름이와 하늘이는 길이 막혔을 때 어떤 생각을 했을까?"
"날아가던 새는 왜 구름이와 하늘이를 도와줬을까?"
"만약 높은 곳에 있는 마을에 올라갈 수 있었다면 둘의 여행이 계속됐을까?"
"어떤 여행이 펼쳐졌을까?"

아이의 상상 이야기에 개연성이 없다면, 이야기의 중심을 이루는 사건과 사건 사이 혹은 인물의 행동이 변화하는 부분을 구체적으로 상상할 수 있도록 질문하면 좋습니다. 아이가 자신이 상상한 것들을 촘촘하게 생각할 수 있도록 말이죠. 특히 개연성이 떨어지는 부분을 찾아 앞과 뒷이야기를 사연스럽게 연결할 수 있도록 질문을 해주세요. 아니면 앞이야기나 뒷이야기를 조금 수정할 수 있는 질문도 좋습니다.

상상 질문3. 상상 속 이야기를 현실로 만들기

소설 구성의 3요소인 인물, 사건, 배경을 이용해 아이가 구체적이고 촘촘하게 상상의 이야기를 만들 수 있도록 질문해보세요.

✿주인공 상상하기
- 주인공은 어떤 모습일까?
- 주인공은 몇 살일까?
- 주인공은 가족이 있을까? 있다면, 가족 관계는 어떻게 될까?
- 주인공은 어떤 성격일까?
- 주인공은 어떤 옷을 입었을까?

✿이야기의 중심 사건 상상하기
- 주인공에게 어떤 일이 일어났을까?
- 사건이 생긴 원인이 무엇일까?
- 주인공은 그 일을 해결했을까?
- 사건을 해결했다면 어떤 방법을 썼을까?

- 혼자서 해결했을까? 누군가가 도와줬을까?
- 주인공을 도와준 다른 인물이 있었다면, 그 인물과 주인공은 어떤 관계일까?
- 그 인물은 왜 주인공을 도와줬을까?
- 주인공은 그 일로 인해 어떤 변화를 겪었을까?

✿이야기의 배경 상상하기

- 이야기가 일어난 곳은 어디일까?
- 이곳은 실제로 있는 곳일까, 상상의 세계일까?
- 이곳은 어떤 모습일까?
- 이 날의 날씨는 어땠을까?
- 이 이야기의 사건은 언제 일어났을까?

상상 질문4. 오감으로 상상하게 하는 질문

오감을 자극하는 질문은 아이가 입체적으로 상상하게 도와줍니다. 입체적인 상상을 하면 좀 더 구체적이고 현실감 있게 상상할 수 있습니다. 마치 자신이 그곳에 있는 것 같고, 마치 자신이 그 인물인 것 같은 느낌을 주기 때문이죠. 즉, 아이가 자신의 감각을 살려 이야기에 몰입하게 되죠. 이렇게 몰입해서 책을 읽으면, 인물의 감성이나 행동에 더 잘 공감할 수 있게 됩니다.

　아이가 오감을 활용해 폭넓은 상상을 할 수 있도록 질문을 해봅시다. 아이가 좋아하는 그림책의 한 장면이나 하나의 사건을 중심으로 질문하면 어렵지 않습니다.

> ✔ **시각**
>
> **"○○의 눈으로 바라볼까요?"** (관점을 바꿔 상상하기)
>
> · 블링크 아저씨는 시각 장애인이잖아. 아저씨는 머릿속으로 이 세상을 어떤 모습으로 상상하고 있었을까?
> · 블링크 아저씨가 눈 수술을 받아 세상을 볼 수 있게 되었대. 아저씨가 바라본 세상은 어떤 모습이었을까?
> 　　　　　　　　　　　　　　　　　_레미 쿠르종, 『진짜 투명인간』
> · 수탉을 협박하는 페페 시장은 수탉에게 어떻게 보였을까?
> 　　　　　　　　　　　　　　　　　_카르멘 애그라 디디, 『수탉과 독재자』
> · 단추 수프로 마을에 기적을 만들어준 거지는 마을사람들에게 어떻게 비쳤을까?
> 　　　　　　　　　　　　　　　　　_오브리 데이비스, 『단추 수프』

　아이의 관점을 바꿔 평소와는 다르게 상상하도록 유도하는 질문입니다. 관점을 바꾸면 보이는 세상도 달라지죠. 다르게 보면 생각도 달라집니다. 관점을 바꿔보게 하는 질문은 익숙하게 생각하던 방식에서 벗어나게 해주는 좋은 질문입니다.

> ✔ 시각
>
> **"○○의 마음을 ○○으로 표현한다면 ?"** (보이지 않는 것 상상하기)
>
> · 개의 물음에 대답하던 고양이가 푸른 구슬을 강에 떨어트렸을 때, 고양이의 기분을 날씨로 표현한다면?
>
> _『개와 고양이』
>
> · 왕자를 만나기 위해 자신의 목소리를 마녀에게 줄 때, 인어공주의 마음은 어떤 모양으로 표현할 수 있을까?
>
> _한스 안데르센,『인어공주』
>
> · 유령인 자신을 진짜 친구라고 한 제인의 말을 들었을 때, 레오의 마음은 어떤 색으로 표현할 수 있을까?
>
> _맥 바넷,『레오, 나의 유령 친구』
>
> · 강아지똥의 도움을 받아 꽃을 피운 민들레는 강아지똥에게 어떤 색의 마음이 들었을까?
>
> _백희나,『강아지똥』

아이들은 슬픈 사람은 항상 눈물을 흘리는 사람으로 표현하고, 기쁜 사람은 항상 입꼬리를 올려 웃는 모습으로 표현합니다. 사람의 감정은 더 다양한데도 말이죠. 인물의 감정을 표정이 아닌 다른 시각적인 것으로 생각할 수 있도록 질문해보세요. 말로 표현할 수 없는 복잡하고 미묘한 감정들도 충분히 상상할 수 있으니까요.

✔ 후각

"이곳에서는 어떤 냄새가 날까?"

· 윌리 웡카의 초콜릿 공장에서는 어떤 냄새가 날까?
_로알드 달,『찰리와 초콜릿 공장』

· 비가 갠 후, 내리쬐는 햇살에서는 어떤 냄새가 날까?
_이수지,『이렇게 멋진 날』

· 마법의 단추 수프에서는 어떤 향기가 났을까?
_오브리 데이비스,『단추 수프』

· 달 물을 먹고 자란 달맞이꽃에서는 어떤 향기가 났을까?
_백희나,『달 샤베트』

✔ 청각

"이곳에서는 어떤 소리가 들릴까?"

· 강아지똥이 비 오는 날 홀로 남겨졌을 때, 어떤 소리가 들렸을까?
_권정생,『강아지똥』

· 행복한 왕자가 동상이 되어 도시 한복판에 섰을 때, 어떤 소리들이 들렸을까?
_오스카 와일드,『행복한 왕자』

· 시장의 온갖 방해에도 수탉은 노래를 멈추지 않았어. 수탉이 부른 노래를 상상해볼까?
_카르멘 애그라 디디,『수탉과 독재자』

· 사람들이 단추 수프를 함께 먹으며 즐거운 시간을 보내는 마을에서는 어떤 소리들이 들릴까?
_오브리 데이비스,『단추 수프』

✔ 미각

"어떤 맛일까?"

· 친구들과 실컷 놀고 나서 다 같이 먹는 간식은 어떤 맛이었을까?
_이수지, 『이렇게 멋진 날』

· 구름으로 만든 빵은 어떤 맛이었을까?
_백희나, 『구름빵』

· 반장 할머니가 준 달 샤베트는 어떤 맛이었을까?
_백희나, 『달 샤베트』

· 엄마와 함께 간 사탕 가게에서 처음 맛본 사탕은 어떤 맛이었을까?
_폴 빌리어드, 『이해의 선물』

✔ 촉각

"어떤 느낌일까?"

· 주인공이 아빠를 등 뒤에서 꼭 안았을 때, 아빠는 어떤 느낌을 받았을까?
_백희나, 『알사탕』

· 구름빵을 한입 베어 물 때 어떤 느낌이 들었을까?
_백희나, 『구름빵』

· 사르르 빛나는 햇살이 내 얼굴에 닿을 때 어떤 느낌이 들까?
_이수지, 『이렇게 멋진 날』

· 강아지똥이 민들레를 살포시 안아주었을 때, 민들레는 어떤 느낌이었을까?
_권정생, 『강이지똥』

상상 질문5. '만약에'라는 질문으로 한계를 뛰어넘기

아홉 살 준호에게 흥부와 놀부 이야기에 대해 새로운 관점을 제시하는 질문을 던졌습니다. 흔히 흥부를 착하고 좋은 사람, 놀부를 욕심 많고 나쁜 사람이라고 많이 소개하죠. 하지만 만약 우리가 알고 있는 것과 반대라면 어떨지를 묻는 것입니다.

"만약에 놀부가 욕심쟁이가 아니었다면 어떻게 됐을까?"

준호는 조금 당황스러워했지만, 질문이 재미있었는지 열심히 생각하는 모습이었습니다. 이윽고 준호가 말했습니다.

"놀부가 욕심쟁이가 아니었다면, 흥부가 부자가 된 것을 진심으로 축하해줬을 것 같아요. 그리고 어쩌면 놀부는 원래 욕심쟁이가 아니었는데, 흥부가 부자가 된 것을 보고 욕심쟁이로 변했을 수도 있지 않을까요?"

또 준호는 잠시 생각하더니, 이번에는 새로운 이야기도 떠올렸습니다.

"놀부가 욕심쟁이가 아니었다면, 애초에 흥부를 쫓아내지도 않았을 것 같아요. 그랬으면 흥부는 가난하지도 않았을 거고요. 그럼 흥부가 금화를 놀부와 나눠 가졌을 테니까, 다 같이 부자가 되지 않았을까요?"

이렇게 '만약에'로 시작하는 질문은 익숙한 생각에서 벗어나게 해줍니다. 예전에 만들었던 생각의 모양을 재조립해 다른 모양으로 만들어보도록 하는 것이죠. 재미있기는 하지만, 생각만큼 쉽지는 않습니다. 논리가 필요하기 때문이죠. 놀부는 욕심쟁이가 아니었다는 가정을 하고 흥부와 놀부 이야기를 재구성해야 하니까요.

'만약에' 질문은 앞에서 언급한 모든 질문들에도 적용할 수 있습니다.

'만약에 강아지똥이 민들레를 만나지 못했다면?'
'만약에 메뚜기가 초록색이 아니라 빨간색이었다면?'
'만약에 시장의 협박에 수탉이 노래를 멈추었다면?'
'만약에 왕자가 제비를 만나지 못했다면?'

'만약에' 질문에 나를 붙여 질문을 만들 수도 있습니다.

'만약에 사물의 말을 들을 수 있는 알사탕이 나에게 딱 한 개 생긴다면?'
'만약에 내가 제비였다면 왕자를 도와줬을까?'
'만약에 내가 흥부였다면 놀부를 용서할 수 있었을까?'
'만약에 내가 라파스 도시의 주민이었다면, 페페 시장의 행동을 어떻게 생각했을까?'

'만약에' 질문은 아이와 부모가 서로 생각을 나눌 수 있도록 이끌어주는 좋은 질문입니다. 아이가 가진 다양한 생각을 들을 수 있는 기회를 만들어주죠.

> 자신의 생각과 감정을
> 마음껏 표현하게 이끄는 질문

초등학교 1학년 아이들에게 질문했습니다.

"너희는 너희를 모르는 사람에게 자신을 어떻게 소개할 수 있을까?"

민우가 대답했습니다.

"저는 김민우고요. ○○초등학교에 다녀요."

옆에 있던 주연이는 자신을 이렇게 소개했습니다.

"저는 여덟 살 김주연이고요. ○○아파트에서 엄마, 아빠, 언니랑 살고 있어요."

이번엔 좀 더 구체적으로 자신을 생각해볼 수 있게 질문했습니다.

"너희는 어떤 성격이야? 남들과 다른 특별한 점이 있어?"

주연이가 먼저 대답했습니다.

"엄마가 그러는데요. 전 한시도 가만히 있지 않는대요. 그래서 운동을 좋아하나 봐요. 전 운동을 좋아하는 성격이에요."

민우도 주연이의 대답을 듣자마자 쑥스러워하며 말했습니다.

"저는 궁금한 게 많은 성격이에요. 질문을 많이 하거든요. 하하하."

이렇게 간단히 아이들의 소개 시간을 마친 후, 다 함께 『파란 아이 이안』이라는 책을 읽었습니다. 『파란 아이 이안』은 태어날 때부터 얼굴에 커다란 파란 점이 있는 이안이 이야기입니다. 이안이는 다른 친구들과 달리 파랗게 보이는 자신의 얼굴을 이상하게 생각합니다. 그래서 엄마에게 그 이유를 묻죠. 엄마는 사람마다 각자의 색이 있는데, 이안이는 파란색을 갖고 태어났기 때문이라고 말합니다. 그 뒤로 이안이는 파란색이 자신을 나타내는 색이라고 생각합니다. 책을 읽고 나서 아이들에게 질문했습니다.

"우리도 이안이처럼 자신을 색으로 표현해볼까? 좀 전에 너희가 말한 자신의 성격은 어떤 색으로 표현할 수 있을까?"

아이들이 대답했습니다.

"노랑요!"

"전 무지개 색요! 어떤 때는 조용하고 어떤 때는 시끄럽고 다양한 성격이에요."

자신을 다른 대상과 비유해보기도 하고 상징화할 수도 있도록 질문하자, 아이들은 재미있고 다양하게 자신을 생각했습니다. 처음에 외적인 정보로만 자신을 표현했지만, 질문이 바뀌자 대답이 바뀌기 시작한 것입니다. 저는 다시 질문했습니다.

"그럼 자신을 모양으로도 표현할 수 있을까? 그리고 왜 그 모양이라고 생각하는지도 이야기해줄 수 있겠니?"

아이들이 자신에 대해 생각한 것들을 짧은 글로 옮겨보도록 했습니다. 아이들은 자신을 이렇게 표현했습니다.

저는 주연이에요.
저는 파란색이에요.
제 성격이 시원시원하거든요.
저는 별과 닮았어요.
엄마는 제가 별처럼 빛난다고 하거든요.
제가 생각하기에, 저는 원숭이 같아요.
왜냐하면, 저는 원숭이처럼 귀엽고 웃기거든요.
_김주연, 8세

저는 김민우예요.
저를 색으로 표현하면 빨간색이에요.
더운 걸 좋아하니까요.
저는 세모 모양이에요.
엄청 튼튼하거든요.

저는 사자 같아요.

힘이 세니까요.

_김민우, 8세

아이들은 처음에는 자신을 ○○초등학교에 다닌다거나 ○○아파트에 산다거나 또는 주로 가족 관계 중심으로 소개했지만, 자신을 소개하는 새로운 방식을 알게 되자 완전히 다르게 자신을 표현했습니다. 그리고 아이들의 표현은 훨씬 자유롭고 재미있어졌습니다. 자신에 대해 더 깊이 생각했다는 게 느껴지기도 하고요.

표현 질문1. 비유와 상징으로 생각을 표현하기

앤서니 브라운(Anthony Browne)은 전 세계적으로 사랑받는 그림책 작가입니다. 그는 비유와 상징적 표현을 재치 있게 사용해 아이들에게 그림을 보는 재미를 더해줍니다. 그의 책 『우리 엄마』, 『우리 아빠』는 아이의 시선으로 부모를 다양한 사물에 비유한 그림책입니다. 엄마는 아이가 슬퍼하고 있을 때 기쁘게 해주기 때문에 착한 요정이고, 어떤 식물도 잘 자라게 하기 때문에 마법의 정원사라고 표현했죠. 아빠는 부엉이만큼 똑똑하고, 아빠의 머리 스타일은 빗자루만큼 바보 같다고 합니다.

앤서니 브라운의 책에서도 알 수 있듯이, 비유와 상징을 이용한 표현은 재미도 있고 이해하기도 쉽습니다. 생생한 느낌도 잘 전달해주죠. 이런 표현 방법을 우리 아이도 사용할 수 있다면, 자신의 생각을 더 효과적으로 표현할 수 있을 것입니다. 아이가 비유와 상징의 표현을 사용할 수 있도록 질문해주세요.

1. ○○(이)가 사람이라면 누구와 비슷할까?

동물이 등장하는 그림책을 소재로 던질 수 있는 질문입니다. 예를 들어 책에서 귀엽고 순진한 늑대가 등장한다면 "이 늑대가 인간이라면 어떤 모습일까? 어떤 옷을 입고 있을까? 어떤 표정을 짓고 있을까?"라고 질문하는 거죠. 아이는 친구, 가족, 영화 속 주인공 등 자신이 귀엽다고 생각하는 다양한 사람의 모습을 머릿속에 떠올릴 것입니다. 이때, 아이가 사람의 모습을 최대한 구체적으로 상상할 수 있게 질문하면 더 좋습니다. 아이는 자신이 떠올렸던 많은 사람들 중에 늑대와 가장 비슷한 사람을 고르는 데 도움이 될 것입니다.

2. ○○(이)가 동물이라면 어떤 동물과 비슷할까?

책 속 등장인물을 동물에 비유하는 질문입니다. 그럼 아이는 인물의 특징을 파악해 등장인물과 비슷한 동물을 생각해야 합니다. 또한 여러 동물들의 생김새, 사는 곳, 움직임, 울음소리 등 동물들의 특징들도 구체적으로 생각해야 하죠.

3. ○○(이)가 사물이라면 어떤 사물과 어울릴까?

사물은 사람이나 동물을 생각할 때보다 비유가 조금 어려울 수 있습니다. 사물이 가진 특징을 잡아내기가 쉽지 않기 때문이죠. 그래도 한번 시도해보세요. 사람이나 동물에 비유하는 것보다 더 재미있어할 수도 있으니까요.

만약 아이가 책 속 등장인물들을 다른 것에 비유하는 데 어려움을 느낀다면, 민우와 주연이처럼 자신을 다른 것에 비유하는 것부터 시작해보세요.

1. 나의 행동은 어떤 동물의 행동과 비슷할까?

동물의 형태, 크기, 울음소리, 움직임 등 동물의 특징을 자세히 생각해보면 좋습니다.

2. 나의 모습은 어떤 과일과 비슷할까?

나의 모습을 과일에 비유해도 좋고 눈, 코, 손, 발 등 신체의 일부를 과일에 비유해도 좋습니다.

3. 나의 성격은 어떤 색으로 표현할 수 있을까?

정해진 색이름으로 표현하지 않아도 됩니다. 빨간색에 보라색이 살짝 섞인 색, 초록빛이 은은하게 나는 노란색, 맑은 하늘색처럼 자신의 성격을 가장 잘 표현할 수 있는 색이면 됩니다.

4. 나에게서는 어떤 향기가 날까?

식물의 향기도 좋고, 과일의 향도 좋습니다. 특정 장소나 특정 음식의 향도 좋고요. 아이가 머릿속으로 다양한 향기를 떠올려 보면 됩니다.

표현 질문2. 자기 생각을 구체적으로 표현하기

아이가 자신의 생각을 잘 표현하지 못하면 부모는 걱정이 됩니다.

'우리 아이에게 뭔가 문제가 있나?'

'너무 소심한가?'

그런데 아이들은 친구들과 어울릴 때면 부모의 걱정과는 달리 자기 주장도 아주 잘하고 쾌활하게 잘 놉니다. 대체 왜 자기 생각만 물어보면 아이는 표현하지 못할까요? 물론 타고난 성향이 소극적이고 내성적이기 때문일 수도 있지만, 대부분은 질문에 어떻게 답해야 할지 모르기 때문일 가능성이 큽니다.

"재미있었어?"

"뭐가 제일 재미있었어?"

이렇게 질문하면 답하기가 너무 막연하기 때문에, 아이는 그냥

'응', '다 재미있었어'라는 식으로 단답형 대답을 하게 됩니다. 이럴 때는 조금 구체적으로 질문해보세요. 이야기 전체에 대해 질문하기보다 이야기 속 특정 사건이나 인물 등으로 질문의 폭을 좁혀 질문하면 됩니다.

"이 책들의 그림들 중에서 어느 책 그림이 더 마음에 들어? / 왜 그렇게 생각해?"
"이 책에 별점을 준다면, 별 다섯 개 중에서 몇 개를 줄래? / 왜 그렇게 생각해?"
"이 책의 등장인물 중에 어떤 인물이 가장 마음에 들어? / 왜 그렇게 생각해?"
"이 책의 등장인물 중에 어떤 인물이 가장 이해가 안 돼? / 왜 그렇게 생각해?"
"이 책의 등장인물 중에 바꾸고 싶은 인물이 있어? / 왜 그렇게 생각해?"

이런 질문은 목적이 분명합니다. 이렇게 분명한 질문은 아이도 쉽게 답을 생각할 수 있으며, 생각의 근거도 표현할 수 있습니다. 단, 아이가 생각과 근거를 말하는 게 익숙하지 않다면, 질문과 이유의 두 단계로 나누어 물어보면 좋습니다.

만약 아이가 단계적인 질문에도 답하기를 머뭇거린다면, 부모가 먼저 자신의 생각을 이야기해도 좋습니다. 2장에서 언급했듯이, 부모가 자신의 생각을 말하는 것도 질문의 한 형태니까요.

"엄마는 ○○(이)가 제일 좋아."
"엄마는 ○○(이)가 가장 이해가 안 돼."

이렇게 말하면 아이가 "왜?"라고 이유를 묻겠죠.

"엄마는 ○○(이)가 엄마랑 가장 성격이 비슷한 것 같아. 그래서 제일 공감이 돼."
"엄마는 ○○(이)가 나쁜 사람에게 당하고만 있어서 이해가 안 돼."

이처럼 부모부터 자신의 생각과 이유를 말하면 됩니다. 그리고 슬며시 아이의 의견을 물어보세요.

"우리 딸은 어떻게 생각해?"
"우리 아들도 그렇게 생각해?"

그러면 아이가 자신의 생각을 표현해야 한다는 부담이 훨씬 줄어들 거예요.

✔ 그림책으로 질문하기 예시

『지각대장 존』(비룡소)

· 고릴라에게 잡혀가는 선생님을 보았을 때, 존은 어떤 기분이었을까?
_관찰질문

· 그 기분은 어떤 색으로 표현할 수 있을까?
_상상질문(오감)

· 만약에 선생님이 존의 말을 믿어줬다면, 이야기가 어떻게 바뀌었을까?
_상상질문(만약에)

· 소리치며 화내는 선생님이 존에게는 무엇처럼 보였을까?
_표현질문(비유와 상징)

· 내가 선생님이었다면 존의 말을 믿을 수 있었을까?
_표현질문(나라면)

『작은 집 이야기』(시공주니어)

· 복잡한 도시 한가운데에 있는 작은 집은 어떤 기분이 들었을까?
_관찰질문

· 도시를 보지 못한 작은 집은 도시를 어떤 모습으로 상상했을까?
· 작은 집 주위의 가을은 어떤 냄새가 났을까?
· 봄이 찾아온 작은 집 주위에서는 어떤 소리가 들렸을까?
_상상질문(오감)

· 만약에 작은 집이 다시 시골로 가지 못했다면 어떻게 되었을까?
_상상질문(만약에)

· 작은 집의 눈에 크고 높은 건물들은 마치 무엇처럼 보였을까?
_표현질문(비유와 상징)

· 책의 내용 중에 바꿔보고 싶은 곳이 있어? 있다면, 왜 그렇게 생각해?

_표현질문(나라면)

『수탉과 독재자』(길벗어린이)

· 밤낮없이 거리마다 노랫소리가 울려 퍼지는 라파스 시 사람들의 모습을 보면, 라파스 시는 어떤 마을인 것 같아?

_관찰질문

· 라파스 시 사람들은 어떤 노래를 불렀을까?

_상상질문(오감)

· 만약에 수탉이 계속 노래를 부르지 않았다면, 라파스 시는 어떻게 되었을까?

_상상질문(만약에)

· 수탉이 사람이었다면, 내가 아는 누구와 비슷할까?

_표현질문(비유와 상징)

· 내가 수탉이었다면, 페페 시장의 행동에 어떻게 대응했을까?

_표현질문(나라면)

『강아지와 염소새끼』(창비)

· (강아지의 표정을 관찰하며) 강아지는 왜 자꾸 염소를 놀릴까? 염소가 싫어서일까?

_관찰질문

· 염소는 자신을 약 올리는 개를 보며 어떤 상상을 했을까?
· 약 올리는 개 때문에 화가 난 염소의 마음은 어떤 모양으로 표현할 수 있을까?

_상상질문(오감)

- 만약에 강아지가 염소를 귀찮게 하지 않았다면, 염소의 생활은 어떠했을까?
_상상질문(만약에)

- 염소를 묶어놓았던 끈이 풀렸을 때, 강아지 눈에는 자신에게 달려드는 염소가 어떻게 보였을까?
_표현질문(비유와 상징)

- 내가 염소라면, 자신을 놀리는 강아지에게 어떻게 했을까?
_표현질문(나라면)

『프레드릭』(시공주니어)

- (열심히 먹이를 옮기는 들쥐를 보며) 일하지 않는 프레드릭을 친구들은 어떻게 생각했을까?
_관찰질문

- 프레드릭이 친구들에게 들려준 이야기를 그림으로 그린다면?
_상상질문(오감)

- 만약에 프레드릭이 색들을 모으지 않았다면 이야기는 어떻게 바뀌었을까?
_상상질문(만약에)

- 프레드릭이 사람이라면, 어떤 직업이 어울릴까?
_표현질문(비유와 상징)

- 내가 프레드릭이라면, 겨울이 오기 전에 무엇을 준비했을까?
_표현질문(나라면)

4장

공감하고 비교하고
성찰하는 고전 문학 질문법

대학교 친구와 지하철을 타고 학교에 가는 길이었습니다. 친구는 도착역에 이를 때까지 늘 소설책을 읽었었죠. 저는 책을 읽고 있는 친구에게 물었습니다.

"소설책 읽는 게 재미있어?"

친구는 책을 응시한 채 대답했습니다.

"응."

저는 다시 물었습니다.

"뭐가 재미있어? 진짜 이야기도 아닌데…. 만들어낸 이야기잖아?"

당시 저는 허구인 이야기가 뭐 그리 재미있는지 이해할 수가 없었습니다. 요즘도 가끔 그때 일을 떠올리며 혼자 피식 웃습니다. 진짜 이야기도 아닌 이야기들에 푹 빠져, 아들과 제가 독서 팟캐스트를 벌써 4년째 진행하고 있으니까요. 제가 다루고 있는 책들은 바로 고전입니다. 고전이라고 하면 왠지 내용이 무겁고 읽기 어려운 책이라고 생각돼 선뜻 손이 가지 않는다는 분이 많습니다. 물론 저도 그랬습니다. 그런데 고전을 제대로 읽고 알게 됐죠. 고전은 새로운 인물을 만나고 알아가는 가슴 설레는 여행이라는 것을요.

우리 아이들도 고전 문학이 주는 설렘을 느껴봤으면 좋겠습니다. 그런 의미에서 이번 장에서는 고전 문학 속 인물에게 한 걸음 더 다가갈 수 있는 질문 방법들을 살펴보려고 합니다.

타인의 행동과 감정을 이해하도록 이끄는 질문

"엄마, 이 책 사줘."

아들은 서점에서 마음에 드는 책 한 권을 골랐습니다. 영국의 소설가 조지 오웰의 『동물농장』이었습니다. 아들은 우스꽝스러운 동물들의 모습이 그려진 표지가 마음에 든다고 했습니다. 내용이 웃기고 재미있을 거라 기대한 것이죠.

아들은 집에 돌아와 들뜬 마음으로 제 방 침대에 몸을 기대어 앉아 읽기 시작했습니다. 그런데 한참 뒤에 방에서 나와 제게 말했습니다.

"엄마, 무슨 말인지 잘 모르겠어. 아까부터 읽었는데, 겨우 몇 페이지밖에 못 읽었어."

아들은 책이 술술 읽히지 않아 답답한 것 같았습니다. 저는 아들에게 말했습니다.

"천천히 읽어도 돼. 하루에 다 읽지 않아도 되고."

그런데 제 말은 아들의 책 읽기에 도움이 되지 않았습니다. 아들은 책의 줄거리를 파악하지 못하는 게 아니었습니다. 등장인물들이 착하지도 않고, 그렇다고 딱히 나쁘지도 않고, 교훈을 주거나 정보를 알려주는 내용도 아니라서 책이 주는 메시지를 정확히 파악하기 어려웠던 거죠.

'이 책이 무슨 이야기를 하는 거지?'

'농장의 동물들이 주인을 내쫓은 걸 후회한다는 이야기인가? 그건 아닌 것 같은데…'

아들은 이런 궁금증을 스스로 해결할 수 없었습니다. 아들이 고른 『동물농장』은 초등학생을 위해 쉽게 풀이된 책이긴 해도 등장인물이 많고 전반적으로 상징적 의미가 많습니다. 아이 혼자서 등장인물들 간의 관계나 사건의 인과 관계, 이야기에 숨겨진 상징적 의미를 파악하는 데 한계가 있습니다. 천천히 읽는 것만으로는 해결이 되지 않는 것이죠. 저는 아들에게 말했습니다.

"어려우면 엄마랑 같이 읽자. 엄마도 제대로 읽어본 적이 없거든. 어때?"

"좋아."

아들은 혼자 읽는 것보다 훨씬 나을 거라 생각했는지 흔쾌히 대답했습니다. 『동물농장』은 동물들이 농장의 주인(인간)을 내쫓고 자신들만을 위한 농장을 만드는 이야기입니다. 자신들을 착취하고 억압하는 농장 주인을 쫓아내면 자유를 찾고 행복해질 거라고 생각했던 것이죠.

농장의 동물들은 힘을 합쳐 농장 주인을 쫓아냈습니다. 그런데 생각과는 달리 동물들은 오히려 더 살기가 힘들어졌습니다. 먹이를 주는 사람이 없어서 스스로 농사를 지어야 했고, 겨울에는 지독한 추위를 견뎌야 했죠.

스노볼이라는 돼지는 자신들의 문제를 해결할 아이디어를 제안합니다. 풍차를 만들어 발전기를 돌려 전기를 사용하자는 것이었죠. 그러면 축사도 밝힐 수 있고 겨울에도 따뜻하게 지낼 수 있으니까요. 그런데 나폴레옹이라는 돼지는 스노볼의 생각에 불만을 가졌습니다. 그래서 스노볼의 작업 공간에 들어가 풍차 설계도에 오줌을 찍 갈겨버렸습니다. 저는 아들에게 물었습니다.

"나폴레옹은 왜 스노볼의 풍차 설계도에 오줌을 쌌을까? 엄마 생각에 스노볼의 아이디어는 좋은 것 같은데…."

아들이 대답했습니다.

"스노볼이 똑똑한 게 싫어서 그랬을 것 같아. 나폴레옹은 아이디어가 없잖아. 자기가 보기에도 풍차 만들기는 좋은 아이디어였던 거지. 스노볼이 풍차 만들기에 성공하면, 다른 동물들이 스노볼만 좋아할 수도 있고…."

저는 아들에게 다시 물었습니다.

"그럼 나폴레옹은 어떤 성격의 돼지일까?"

아들은 잠시 생각하더니 대답했습니다.

"음…, 자기만 잘나 보이고 싶은 성격인 거 같아. 지기 싫어하고…."

"엄마 생각도 그런 것 같아."

아들은 등장인물들의 행동에 대해 생각해보며 책을 읽으니까 재미있다고 했습니다. 등장인물들의 특징을 파악하니 각자의 행동에 공감이 되면서 책 내용을 더 잘 이해할 수 있게 됐죠. 게다가 인물들의 행동을 유추해보며 앞으로 진행될 이야기를 상상해볼 수도 있었고요.

2015년 교육부에서 고시한 국어과 교육 과정에서는 문학에 대해 '인간의 삶을 언어로 형상화한 작품을 통해 즐거움과 깨달음을 얻고 타자와 소통하는 행위'라고 정의했습니다. 2019년에 출판한 저의 책 『그 집 아들 독서법』에서는 '책은 사람이다'라고 정의하기도 했죠. 책을 읽는다는 것은 등장인물들과 소통하고 공감하며 그 인물들에 대해 알아가는 과정입니다. 따라서 책의 줄거리만 알아서는 인물들에 대해 잘 알 수가 없으니, 공감이 잘 될 리가 없겠죠.

공감하며 읽기

　공감하며 읽는다는 것은 무엇일까요? 5학년 아이들과 권정생 작가의 『몽실 언니』를 읽고 나눈 이야기를 예로 들어보겠습니다. 『몽실 언니』는 한국 전쟁으로 힘든 삶을 살아야 했던 어린 몽실이를 다룬 이야기입니다. 우리는 전쟁을 겪어보지 않았지만, 몽실이의 삶을 통해 전쟁의 참혹함과 그 시대를 산 사람들의 애환을 느낄 수 있죠. 저는 아이들에게 몽실이의 삶에 대해 질문했습니다.

"이 책 읽어보니까 어땠어?"

아이들이 대답했습니다.

"몽실이가 불쌍해요."

"안타까워요."

이번엔 질문을 바꿔 아이들에게 다시 물었습니다.

"돈을 벌러 간 몽실이의 아버지가 돌아오지 않자, 몽실이의 엄마는 생계를 위해 어쩔 수 없이 김씨와 재혼했잖아. 그때 자신의 의지와는 상관없이 친아빠와 헤어져야 했던 몽실이는 어떤 감정이었을까?"

아이들이 답했습니다.

"슬펐을 것 같아요."

"아빠가 보고 싶어도 엄마에게 말할 수 없으니까 답답했을 것 같아요."

첫 번째 질문에서 아이들이 대답한 불쌍하고 안타깝다는 감정은 독자의 입장에서 느낄 수 있는 감정입니다. 반면, 두 번째 질문에서 아이들이 대답한 슬프거나 답답하다는 감정은 몽실이가 돼야만 느낄 수 있는 감정이죠. 이렇게 질문만 바꿔도 아이들은 자신을 몽실이로 생각해 감정에 공감할 수 있습니다.

매일 집 안을 어지럽히는 아이에게도 질문을 바꾸면 입장을 바꿔서 생각하도록 만들 수 있습니다.

"왜 자신의 물건을 치우지 않니?"

"우리 딸이 아무렇게나 둔 물건들을 엄마가 매일 치우면 엄마의 기분이 어떨까?"

첫 번째 질문보다 두 번째 질문을 들었을 때 아이들은 엄마의 입장에서 생각해볼 수 있게 됩니다. 이처럼 어떻게 질문하느냐에 따라 아이가 독자의 관점에서 인물들을 바라볼 수도 있고, 책 속으로 들어가 등장인물들의 입장이 돼 그들의 감정에 공감할 수도 있습니다. 그런데 아이가 인물들에게 공감하지 않았다는 것을 어떻게 알 수 있을까요? 몽실이의 예를 계속 살펴보겠습니다.

"몽실이는 자신의 삶을 살아가기도 힘들었을 텐데, 왜 동생들을 먼저 챙겼을까?"

"몽실이는 자신을 친아빠에게 보내버린 엄마를 왜 원망하지 않았을까?"

몽실이란 인물에 대해 파악하지 못한 아이들에게 이렇게 질문했다면, 아이들은 이렇게 대답했을 것입니다.

"몽실이가 착해서요."

"엄마니까요."

이렇게 피상적으로 대답한다면 인물에 충분히 공감하지 못했다는 증거입니다. 만약 몽실이에 대해 공감했는데도 이렇게 대답했다면, 다음과 같은 질문에도 대답할 수 있어야 합니다.

"몽실이의 어떤 부분이 착하다고 생각했어?"

"왜 그런 행동이 착한 행동일까?"

"자식은 엄마의 모든 행동을 다 이해해야 할까?"

"몽실이는 엄마를 왜 이해할 수 있었을까?"

아이가 자신의 생각에 근거를 댈 수 있으면, 공감을 잘한 것입니다. 그러나 생각만 있고 근거가 없다면, 충분히 공감하지 못한 것이죠.

사실 자신이 아닌 다른 인물에 공감하는 일은 생각만큼 쉽지 않습니다. 특히 아이들은 어른들보다 경험이 많지 않기 때문에 공감할 수 있는 범위가 작아 상대적으로 더 어려울 수 있습니다. 그럴수록 책을 꼼꼼히 읽고 인물의 삶을 머릿속에 그려보며 인물에게 질문하고 생각하는 과정이 매우 중요합니다. 이때 부모는 좋은 질문으로 아이가 인물에게 좀 더 다가갈 수 있게 도와주면 좋습니다.

공감 질문1. 인물의 행동으로 특징을 파악하기

　대부분 아이들의 독서는 줄거리 파악에 그칩니다. 등장인물에 대해 깊이 생각해보지 않죠. 그래서 인물에 충분히 공감하지 못하는 것입니다. 인물에 대해 더 깊이 생각하고 공감하려면, 우선 인물의 특징을 파악해야 합니다. 아이가 쉽게 할 수 있는 방법 중 하나는 인물의 행동을 잘 살펴보는 것입니다.

　예를 들어, 엄마가 미소를 지으며 어린 딸의 머리를 쓰다듬는 모습을 보면 어떤 생각이 들까요? 엄마가 딸에게 사랑한다고 말하지 않아도 엄마가 딸을 사랑한다는 것을 알 수 있습니다. 이와는 달리 한 아이가 친구의 장난감을 뺏거나 친구의 몸을 밀치는 행동을 한다면, 친구에게 무언가 좋지 않은 감정을 갖고 있다는 것을 눈치챌 수 있습니다. 이처럼 사람의 행동을 잘 관찰하면 그 사람의 감정 또는 성격 등의 특징을 파악할 수 있습니다.

"○○(이)는 왜 그런 행동을 했을까?"
"○○(이)는 왜 그렇게 말했을까?"
"이 행동(혹은 말)으로 보아, 이 인물은 어떤 생각을 가지고 있을까?"
"이 행동(혹은 말)으로 보아, 이 인물은 지금 어떤 감정일까?"

　아이가 인물의 행동과 말에 집중할 수 있게 질문해주세요. 아이가 인물을 파악하는 데 도움이 될 것입니다.

1. 평면적인 인물의 특징 파악하기

고전 문학에 등장하는 인물들은 크게 평면적인 인물과 입체적인 인물로 나눌 수 있습니다. 평면적인 인물은 이야기 안에서 처음부터 끝까지 일관된 모습을 보이는 인물입니다. 성격이나 태도에 변화가 없죠. 흥부와 놀부가 대표적입니다. 반면, 입체적인 인물은 이야기가 진행되는 동안 성격이나 태도의 변화가 있는 인물입니다.

톨스토이의 단편 『바보 이반』의 주인공 이반은 평면적인 인물입니다. 이반은 시골 농부의 셋째 아들입니다. 농부에게는 세 아들과 벙어리인 막내딸이 있습니다. 첫째 아들인 세문은 군인이고, 둘째 아들인 타라스는 상인입니다. 셋째 이반과 딸은 아버지와 함께 농사를 지으며 살아가고 있습니다.

삼형제는 사이가 아주 좋았습니다. 그런데 이들이 사이좋게 지내는 것을 못마땅하게 여긴 한 악마가 이들을 갈라놓으려고 계획을 세웁니다. 세문과 타라스는 악마의 계획에 넘어가지만, 이반만은 악마의 계획대로 되지 않았습니다. 이반은 악마의 온갖 방해에도 아랑곳하지 않고, 오직 일만 열심히 합니다. 악마는 꾀만 부리다 오히려 죽고 맙니다.

주인공 이반이 제목처럼 정말 바보인지, 그가 어떤 생각과 가치관을 가진 인물인지, 작가는 이반을 통해서 어떤 말을 하고 싶었을지, 이반에 대해 생각해볼 수 있는 질문을 만들어봅시다.

"이반은 왜 형들에게 자신의 땅도, 일해서 번 돈도 순순히 주었을까?"
"이반은 악마들의 온갖 방해에도 굴하지 않고 왜 자신의 일을 열심히 했을까?"
"이반은 왜 자신을 자꾸 괴롭히는 악마를 살려서 돌려보냈을까?"

이반의 행동을 생각해보게 하는 질문들은 아이에게 이반의 성격을 유추해볼 수 있게 합니다. 자신의 땅을 형들에게 다 나눠주고 열심히 일만 하는 이반, 계속 자신을 괴롭히고 일을 방해하는 악마들을 살려 보내주는 행동으로도 이반이 어떤 인물인지 충분히 생각해 볼 수 있습니다.

"이반은 왜 세몬에게 더 이상 군대를 만들어주지 않았을까?"
"이반은 왜 타라스에게 더 이상 금화를 만들어주지 않았을까?"
"이반은 병을 낫게 하는 뿌리를 왜 거지에게 주었을까?"
"이반은 왕이 되었는데도 왜 스스로 농사를 지으며 생활했을까?"

이반의 가치관에 대해 생각하게 하는 질문들입니다. 첫 번째 질문과 관련된 책 내용을 볼게요. 이반은 형 세몬에게 군대를 더 이상 만들어주지 않겠다며 이렇게 말합니다.

형님의 군대가 사람을 죽였기 때문이에요. 내가 얼마 전 길가의 밭을 갈고 있는데, 한 여자가 관을 싣고 어디론가 가며 통곡하지 않겠어요? 그래서 누가 죽었냐고 물어보니, 세묜의 군대가 전쟁에서 남편을 죽였다고 했어요. 군대는 노래나 부르는 것으로만 알았는데 사람을 죽이다니, 이제 군인을 더 만들어주지 않겠어요.

이 말에서, 이반은 생명을 소중히 여기는 사람임을 알 수 있습니다. 그래서 생명을 위협하고 죽이는 군대를 절대 만들지 않겠다고 한 것이죠. 사람들은 자신의 성격과 가치관에 따라 행동합니다. 건강을 최우선으로 생각하는 사람은 몸에 좋은 음식을 찾아 먹고, 운동도 열심히 하겠죠. 그리고 독서를 중요시하는 사람은 하루 중 가장 많은 시간을 조용한 곳에서 책을 읽는 데 사용할 것입니다. 책 속 인물들도 그렇습니다. 그래서 인물들의 행동을 유심히 살펴보면, 그 인물이 어떤 성격이며 어떤 가치관을 가졌는지 알 수 있습니다.

2. 입체적인 인물의 특징 파악하기

이반처럼 말이나 행동이 일관적인 인물들의 경우에는 아이 스스로 인물의 특징을 파악하기가 어렵지 않습니다. 반면 이야기가 진행되면서 성격이나 생각이 변하는 입체적인 인물들의 경우에는 아이 혼자 인물의 특징을 찾기가 힘들 수도 있습니다. 이럴 땐 변화에 중점을 둔 질문이 필요합니다. 인물이 변화한 데에는 이유가 있을 테니까요. 인물이 어떤 계기로 변하게 되었는지, 그 계기로 인물의 삶 혹은 생각이 어떻게 변했는지 묻는 질문이죠.

우리가 잘 아는 영국의 소설가 찰스 디킨스의 『크리스마스 캐럴』의 주인공 스크루지가 대표적인 입체적 인물입니다. 많은 사람이 알고 있듯이 스크루지는 지독한 구두쇠죠. 크리스마스 이브에 스크루지에게 과거의 유령, 현재의 유령, 미래의 유령이 차례로 찾아옵니다. 스크루지는 각 유령을 따라가 자신의 과거, 현재, 미래의 모습을 보며, 자신의 이기적인 과거의 삶을 반성합니다. 유령을 만난 이후로 스크루지는 전과 완전히 다른 삶을 살게 됩니다.

이 이야기는 과거, 현재, 미래라는 시간과 공간의 변화가 뚜렷이 구분됩니다. 그래서 변화의 흐름을 따라 질문을 만들면 됩니다. 우선 과거의 유령을 만나기 전, 이야기의 앞부분에 묘사된 스크루지에 대해 생각해보는 질문을 만들어봅시다.

"하나뿐인 오랜 동료이자 친구인 말리가 죽었을 때도 슬퍼하지 않는 스크루지는 어떤 마음을 가진 사람일까?"

"석탄이 충분히 있는데도 추운 겨울에 촛불 하나만 켜고 일하는 스크루지는 어떤 사람일까?"

"크리스마스 이브에 자선 모금을 하러 온 사람들에게 자기와는 상관없는 일이니 돌아가라며 화를 낸 스크루지는 어떤 사람일까?"

"가난한 여자와 사랑에 빠져 결혼한 조카를 나무라는 스크루지는 어떤 생각을 가진 사람일까?"
"스크루지에게 반갑게 인사하는 사람이 한 명도 없는 걸로 보아, 사람들은 스크루지를 어떻게 생각하고 있을까?"

스크루지의 말과 행동에 집중할 수 있게 질문하면 아이는 현재의 스크루지가 어떤 성격을 가진 인물인지 충분히 파악할 수 있습니다. 이번에는 과거의 유령이 보여준 스크루지의 옛날 모습을 토대로 과거의 스크루지가 어떤 사람이었는지 파악해보게 하는 질문을 만들어봅시다.

"크리스마스 이브에 텅 빈 교실에 홀로 남은 어린 스크루지는 어떤 아이였을까?"
"작고 소박한 크리스마스 파티를 소중하게 생각하고 그리워하는 스크루지는 어떤 마음을 가진 청년이었을까?"
"가난한 여인을 진심으로 사랑한 스크루지는 어떤 청년이었을까?"

질문에 대해 조금만 생각해보면 아이는 스크루지가 원래부터 이기적이고 돈만 좋아하는 사람이 아니라는 사실을 알게 됩니다. 어떤 이유에서인지 정확히는 몰라도 스크루지의 생각과 태도가 변했다는 것을 눈치챌 수 있죠. 그럼 저절로 이런 의문이 들 수도 있겠네요.

"왜 스크루지는 구두쇠처럼 변하게 되었을까?"

아이는 스크루지가 구두쇠처럼 변하게 된 이유가 무엇인지 궁금해할 것입니다. 스크루지가 변한 원인을 찾으려고 스크루지의 행동을 하나하나 더 유심히 살펴보겠죠. 현재의 유령, 미래의 유령과의 만남으로 이어진 이야기에서도 스크루지의 행동과 말에 대해 질문해보세요. 질문은 아이에게 인물을 잘 파악하게 할 뿐만 아니라 인물에게 공감하게 해줄 것입니다.

공감 질문2. 인물의 감정을 느껴보기

고전 작품을 읽으며 등장인물의 삶을 따라가다 보면 어느새 이야기가 허구라는 사실을 잊게 되기도 합니다. 등장인물의 경험이 마치 자기의 경험인 것 같은 느낌이 들기 때문입니다. 등장인물이 느끼는 여러 가지 감정들이 고스란히 전해지기도 하고요. 고전 문학 속 인물들을 통해 느껴보는 다양한 감정들은 값진 경험이 됩니다. 그 시대를 살아보지 않으면 느껴볼 수 없는 감정들일 테니까요.

그러나 책을 읽기만 해서는 아무런 감정을 느낄 수 없습니다. 인물이 느끼는 감정을 아이도 고스란히 느껴보기 위해서는 공감해봐야 합니다. 그러기 위해서는 아이가 인물에 한 걸음 더 가까이 갈 수 있도록 도와주는 질문이 필요합니다.

"과거의 유령을 만나 자신의 어린 시절 모습을 보았을 때, 스크루지는 어떤 기분이었을까?"

"크리스마스 이브 파티를 즐거워하는 과거의 자신을 보면서, 스크루지는 어떤 감정이 들었을까?"

"다 같이 모여 자신을 놀리는 듯한 말을 주고받는 조카들을 보았을 때, 스크루지는 어떤 기분이 들었을까?"

"스크루지는 자기 회사 직원인 밥이 자기를 위해 축배를 드는 모습을 보고 어떤 기분을 느꼈을까?"

"자신의 죽음에 아무도 슬퍼하지 않는다는 것을 알게 되었을 때, 스크루지는 어떤 기분이 들었을까?"

"자신이 죽었다고 생각했는데 모든 일이 꿈이었다는 걸 알게 되었을 때, 스크루지는 어떤 기분이었을까?"

인물의 감정을 물어볼 때, 인물이 처한 상황을 아이가 떠올릴 수 있도록 질문해보세요. 아이는 질문에서 가리키는 상황을 머릿속에 떠올릴 것입니다. 상황을 떠올린다는 것은 문맥을 읽어낸다는 의미와 같습니다. 문맥을 읽을 수 있으면, 인물에게 가까이 다가가 인물이 느낀 감정을 느껴볼 수 있습니다. 마치 자신이 처한 상황처럼 느껴지기 때문이죠. 그리고 인물의 감정에 공감할 수 있게 됩니다.

'스크루지는 웃고 즐기며 다 같이 놀던 행복했던 옛날로 돌아가고 싶었을 것 같아.'

'자신이 모질게 대했던 밥이 자신을 위해 건배하는 걸 보자 스크루지는 부끄러운 마음과 고마운 마음이 동시에 들었을 것 같아.'

'자신이 죽었다는 소식에 오히려 기뻐하는 사람들을 보고 스크루지는 사람들에게 서운한 마음이 들지 않았을까? 아무리 그래도 사람이 죽었는데…'

'꿈이어서 정말 다행이다. 내가 왜 그랬을까? 라고 생각했을 거야.'

작품 속 인물의 경험이 마치 자기의 경험 같을 때 아이는 마음에 울림이 생깁니다. 그리고 그 울림들은 귀한 경험으로 남아 아이의 감정의 폭을 넓히고 깊이를 더할 것입니다.

공감 질문3. 성장 소설로 공감력 키우기

초등학교 고학년 추천 도서로 많이 선정되는 성장 소설도 아이의 공감력을 키우기에 아주 좋습니다. 성장 소설은 주인공이 유년기부터 소년기를 거쳐 성인에 이르는 사이에 일정한 혼란과 갈등을 겪으며, 자아를 발견하고 정신적으로 성장해가는 과정을 다룬 소설을 말합니다. 아이는 그 소설을 통해 자신과 나이가 비슷한 주인공의 갈등을 함께 겪으며 인물의 작고 세밀한 감정까지 공감해볼 수 있죠.

박완서 작가의 『자전거 도둑』은 대표적인 성장 소설입니다. 시골에서 서울로 와 전기용품 도매상에서 일하는 소년인 수남이의 성장 과정을 담았죠. 수남이는 도매상 주인에게 의지하며 열심히 일합니다. 어느 날 수남이는 자전거를 타고 배달을 갔는데, 잠시 세워둔 자전거가 세찬 바람에 쓰러져 옆에 세워져 있던 승용차에 상처를 냅니다. 승용차 주인은 수남이의 자전거 바퀴에 자물쇠를 채우고 수남이에게 차 수리비를 요구합니다. 그런데 수남이는 잠시 망설이다 자전거를 들고 달아납니다. 도망친 수남이에게 주인아저씨는 잘했다고 칭찬합니다. 수남이는 그날 밤 양심의 가책을 느끼고, 서울을 떠나기 위해 짐을 꾸립니다.

수남이는 시골 사람들과는 사뭇 다른 서울의 장사꾼들과 손님들로 인해 다양한 갈등을 겪습니다. 그리고 자전거 사건으로 수남이의 갈등은 최고조에 이릅니다. 아이에게 수남이가 갈등 상황에서 어떤 감정을 느꼈을지 질문해봅시다.

"수남이는 돈이 있으면서도 외상값을 갚지 않는 ○○상회 주인에 대해 어떤 감정을 느꼈을까?"
"수남이는 승용차 주인이 차 수리비를 요구할 때 어떤 기분이 들었을까?"

"자물쇠가 채워진 자전거를 들고 도망칠 때, 수남이는 어떤 감정이 들었을까?"
"도망친 자신을 주인아저씨가 칭찬했을 때, 수남이는 어떤 기분이 들었을까?"
"자전거를 들고 도망친 날 밤, 수남이는 과거에 형이 도둑질을 해 순경에게 잡혀갔던 일을 회상하며 어떤 감정을 느꼈을까?"

이처럼 인물의 갈등에 관한 질문은 아이가 작품 속 인물이 되어서 그 인물의 감정에 공감하게 하고 함께 고민하게 해줍니다. 그뿐만 아니라 책의 내용을 다시 한번 떠올리며 이야기의 중요한 부분을 되짚어볼 수도 있게 해주죠.

과거와 현재를 들여다보게 하는 질문

 고전 문학에는 임금을 위해 목숨을 걸고 토끼의 간을 구하러 간 자라, 장님인 아버지의 눈을 뜨게 하려고 스스로 죽음을 선택한 딸, 막강한 권력으로 백성의 재물을 마구 빼앗는 수령 등, 좀처럼 이해하기 힘든 인물이나 상황이 많습니다.
 연암 박지원이 쓴 『허생전』의 주인공 허생도 그중 한 명이죠. 허생은 조선 시대의 가난한 양반이었습니다. 하지만 과거 시험도 보지 않고, 돈벌이에도 관심 없고 매일 공부만 합니다. 허생의 부인은 허생을 못마땅하게 생각해서 잔소리를 퍼붓습니다. 허생은 부인의 잔소리 때문에 집을 나가 장안(서울)에서 가장 부자인 변씨에게 돈을 빌려 과일과 말총 등을 매점매석해 엄청나게 많은 돈을 법니다.

그 돈으로 도적들을 데리고 무인도로 가서, 그들이 가족과 정착해 살 수 있게 해줍니다. 허생은 번 돈의 일부를 가난한 사람들에게 나눠주고, 변씨에게서 빌린 돈도 10배의 이자를 쳐서 갚습니다. 그리고 허생은 집으로 돌아갑니다.

『허생전』을 읽은 5학년 동호는 어이가 없다는 듯 말합니다.

"허생은 과거 시험도 보지 않을 거면서 공부는 왜 해요?"

"모든 사람이 제사에 쓸 과일을 어떻게 한 사람이 죄다 사들일 수 있어요? 파는 곳이 한 군데밖에 없었어요? 아니면, 나라에 과일이 별로 없었나요?"

동호가 이해하지 못하는 것은 당연합니다. 개인이 온 나라의 과일을 모두 사서 되팔 수 있다는 건 지금으로선 상상도 할 수 없기 때문이니까요. 그런데 현재의 관점으로는 이해할 수 없는 것들도 작품 속의 시대를 잘 들여다보면 충분히 이해할 수 있습니다. 작가는 자신이 산 시대의 경험을 바탕으로 이야기를 만들기 때문입니다.

『그 많던 싱아는 누가 다 먹었을까』, 『자전거 도둑』을 쓴 박완서 작가는 한 인터뷰에서 1970년 여성동아 여류 장편 소설 공모에 당선된 자신의 작품 『나목』에 대해 이렇게 말했습니다.

6.25 동란 때 서울대학교엘 다니다가 학업을 중단하고 화가 박수근 씨와 PX에서 1년 정도 함께 일했는데, 그 사람의 삶과 수난이 『나목』의 소재가 된 거지요. 그이가 그때 얼마나 가난했는데, 죽고 나서 그

의 그림 값이 매우 비싸졌다는 얘길 듣고 화가 치민 나머지 분노감마저 들었어요. 소설이란, 상상력에 자기 이야기를 보태는 것 아닙니까.

_『박완서의 말』(마음산책)

박완서 작가의 말처럼 작가는 가상의 인물을 만들어, 그 시대에 살았던 실제 사람들의 모습을 이야기합니다. 우리는 작가가 만든 가상의 인물들의 삶을 통해, 그 시대의 모습을 짐작할 수 있죠.

'그 시대의 사람들이 왜 이런 생각을 했을까?'
'그 시대의 사람들은 왜 그렇게 행동했을까?'

고전 문학을 통한 좋은 질문으로 아이가 책 속에 담긴 시대의 모습을 들여다볼 수 있게 도와주세요. 그럼 아이는 자신이 미처 보지 못했던 시대의 모습들을 발견할 수 있을 것입니다. 역사책에서는 읽을 수 없는 작지만 가치 있는 누군가의 삶까지도요.

비교 질문1. 소설의 주제와 배경 이해하기

『홍길동전』은 『허생전』과 함께 조선의 대표적인 사회 소설입니다. 양반 아버지와 천민 첩의 사이에서 태어난 아들, 즉 서얼인 길동이는 조선 사회의 신분 제도에 불만을 갖고 집을 나와 도적 떼의 우두머리가 됩니다. 그는 활빈당을 만들어 도적들과 함께 벼슬아치들의 재물을 빼앗아 가난한 사람들을 도와줍니다. 임금이 홍길동을 잡으려고 지금의 국방 장관인 병조 판서의 벼슬을 내리지만, 홍길동은 이를 물리치고 율도국이라는 섬으로 가 왕이 되는 이야기입니다.

줄거리만 봐도, 지금 우리가 사는 세상과는 많이 다른 세상 이야기라는 것을 알 수 있습니다. 책을 읽다 보면 '어, 이런 모습은 지금과 다르네!', '옛날 사람들은 참 이상하다!'라고 생각되는 부분들이 있을 거예요. 하나의 사건일 수도 있고, 한 인물의 말이나 행동에 관한 것일 수도 있습니다. 그런 부분을 찾아 아이에게 질문해보세요. 아이는 호기심을 갖고 그 시대에 대해 더 알려고 할 것입니다. 조선 시대의 대표적인 두 작품인 『허생전』과 『홍길동전』을 예로 질문을 떠올려보는 연습을 해보겠습니다.

"허생은 글공부는 하면서 왜 과거 시험은 보지 않을까?"

조선 시대의 양반은 학문을 익혀 과거 시험을 통과해 관직에 오르는 것이 목표였습니다. 그런데 허생은 양반인데도 관직에는 별로 관심이 없으니, 그 이유를 아이와 함께 생각해볼 수 있겠죠.

"홍길동은 병조 판서를 왜 그토록 원했을까?"

홍길동은 허생과 같은 양반이지만 서얼이어서, 아무리 능력이 뛰어나도 관직에 오를 수 없었죠. 위의 질문은 허생과 홍길동에 대한 비슷하지만 조금은 다른 질문으로서, 조선 시대의 신분과 관직에 대해 생각해볼 수 있습니다.

"허생은 왜 자기가 장사치처럼 보이는 것을 싫어했을까?"

돈을 빌려준 변씨에게 허생이 "그대는 어찌 나를 장사치로 보는가!"라고 화를 내는 장면에 관한 질문입니다. 상인이란 직업에 대한 당시의 인식을 알 수 있습니다. 홍길동도 돈을 버는 것보다 병조 판서라는 관직에 오르는 것이 목표였으니, 직업에 관한 시대적 편견에 대해 생각해볼 수 있는 질문입니다.

"허생이 과일 등의 매점매석을 할 수 있었던 이유가 뭘까?"
"어떻게 1만 냥으로 한 나라의 과일 값이 휘청할 수 있었을까?"
"허생은 왜 무역이 발달하지 않은 것을 싫어했을까?"

허생이 "겨우 돈 1만 냥으로 온 나라 과일 값을 휘청거리게 했으니, 우리나라의 경제가 얼마나 얕은지 짐작할 만하다"라고 탄식하는 내용에 관한 질문입니다. 조선의 경제 체계가 어떠했을지 생각해볼 수 있겠죠. 그리고 허생이 무역을 권장하는 이유에 관한 질문으로서, 조선의 경제 문제와 외교 문제를 연관지어 생각해볼 수 있습니다.

"허생은 왜 무리를 이끌고 섬으로 갔을까?"
"홍길동은 왜 율도국으로 갔을까?"

허생과 홍길동 모두 새로운 세상을 꿈꾸었습니다. 그들은 왜 현실에 만족하지 못했을까요? 허생과 홍길동이 새로운 세상을 꿈꿀 수밖에 없었던 시대적인 이유에 대해 생각해볼 수 있는 질문입니다.

"홍 판서가 호부호형을 허락했는데도, 홍길동은 왜 집을 떠났을까?"
"허생은 그토록 많은 돈을 벌었는데도, 왜 빈손으로 집으로 돌아갔을까?"
"홍길동은 끝내 자신이 원하는 삶을 살게 되었을까?"
"허생은 결국 자신이 원하는 조선의 모습을 이루었을까?"

허생과 홍길동이 그토록 원한 세상, 그리고 그 세상을 만들기 위해 노력한 두 인물의 삶을 시대와 함께 생각해볼 수 있는 질문입니다. 그리고 그들이 원한 세상은 왜 이루어질 수 없었는지, 그 이유를 여러 가지 측면에서 생각해볼 수 있습니다.

비교 질문2. 가치관의 차이에 대해 질문하기

너무 어렵고 무겁게 느껴지셨나요? 그럼 18, 19세기 서민 계층으로부터 큰 인기를 얻고 아이들에게도 익숙한 『토끼전』, 『심청전』, 『흥부놀부전』으로 아이에게 질문해보세요. 만약 질문이 낯설어 아이가 질문에 대한 답을 생각하기 어려워한다면, 질문 뒤에 엄마의 생각을 함께 이야기해주는 것도 좋은 방법입니다.

☆『토끼전』
- 평소에 자신이 충신이라고 떠들어대던 신하들은 왜 아무도 임금을 위해 토끼의 간을 구하러 가지 않으려고 했을까?
- 왜 나이 많고 몸 약한 자라는 위험을 무릅쓰고 토끼의 간을 구하러 뭍으로 가려고 했을까? 가족들이 걱정하는데…. 진정한 충신이었기 때문일까?
- 뭍짐승들의 잔치에서 뭍짐승들은 왜 서로 가장 높은 자리에 앉으려고 나이 자랑을 할까? 나이가 많은 것과 높은 자리에 앉는 것이 무슨 상관이지?

☆『심청전』
- 심봉사는 왜 부처에게 쌀 3백 석을 바치고 열심히 기도하면 눈을 뜰 수 있다는 화주승의 말을 믿었을까? 엄마라면 믿지 못했을 텐

데…. 화주승은 의사도 아니잖아.
- 사람들은 심청이를 왜 효녀라고 했을까? 엄마 생각에는 아무리 아버지를 위해서라고 해도 죽음을 택한 것은 좀 너무했던 것 같아. 죽는 방법 말고 다른 방법이 있을 수도 있잖아.

☆ 『흥부놀부전』
- 어떻게 돈으로 신분을 살 수 있었을까?
- 흥부는 왜 열심히 일해도 부자가 될 수 없었을까?

같은 시대의 작품들을 읽다 보면, 작가는 다르지만 공통적으로 발견할 수 있는 것들이 있습니다. 계급, 권력, 여성, 효(孝), 충(忠) 같은 사회·문화적 상황이나 그 시대 사람들의 가치관 등이죠. 동시대의 책들을 아우르는 이러한 공통점들과 관련된 질문들은 아이와 함께 그 시대의 특징을 파악해보는 데 도움을 줍니다.

비교 질문3. 시대를 대변하는 캐릭터를 통해 질문하기

조남주 작가의 장편소설 『82년생 김지영』의 주인공 지영의 일상은 우리의 모습을 그대로 옮겨놓은 듯합니다. '김지영'이라는 한 개인의 이야기라기보다 '엄마', '아내'로서의 삶이 대부분인 우리의 이야기 같아서죠. 독자는 김지영을 통해 지금 자신의 모습을 들여다보게 됩니다. 그리고 김지영을 통해 그 시대에 속한 여자로서의 삶에 대해 생각하게 됩니다.

미국의 소설가 루이자 메이 올컷(Louisa May Alcott)의 소설 『작은 아씨들』에도 시대의 모습을 간직한 인물들이 등장합니다. 이 작품은 남북 전쟁을 배경으로 하고 있습니다. 그리고 미국 중산층 가정의 네 자매인 멕, 조, 베스, 에이미의 이야기를 다루었죠. 아버지가 전장에 나가게 돼 가정 형편이 어려워지지만, 자매들이 함께 어려움을 극복하며 성장합니다. 저는 초등학생 때 TV에서 애니메이션으로 봤는데, 너무 인상 깊어서 어른이 된 지금도 장면들이 뚜렷이 기억납니다. 그때는 그저 네 자매의 아기자기한 이야기로만 알았죠. 어른이 돼 다시 책으로 읽어보니 그들의 삶 속에 그 시대의 많은 모습들이 담겨 있더라고요.

이 작품에서 유난히 돋보인 인물은 둘째 딸인 조입니다. 조는 활발하고 재기 넘치며 자신이 하고 싶은 말을 숨기지 않는 당당한 여성이죠. 조의 자매들은 여성스럽지 못한 조가 혹시나 다른 사람들에게 실수를 하지는 않을까 불안해합니다. 조 스스로도 자신이 여성스럽지 못하다고 말합니다. 자신이 남자가 아니라는 것에 화를 내기도 하고, 결혼은 여자의 자유를 빼앗는 것이라 생각합니다. 그런 조를 당시 사람들은 걱정스럽게 바라보죠.

그러나 조는 전장에 나간 아빠를 대신해 글 쓰는 일로 돈을 벌어

생계에 도움을 주는 등, 누구보다 가족에게 큰 힘이 돼줍니다. 오늘날의 관점으로 조를 보면 누구보다 주체적이고 당당하며 자신의 일을 소중히 생각하는 멋진 인물이라는 생각이 듭니다. 그런데 조가 살던 시대에는 조의 그런 당당함이 좋은 평가를 받지 못했죠. 그럼 조를 통해 그 시대의 모습을 살펴볼 수 있겠네요.

"왜 그때 사람들은 여자들이 여성스러워야 한다고 생각했을까?"
"여성스럽다는 것이 뭐지?"
"왜 조는 예쁘게 꾸미고 파티에 가서 멋진 남자를 만나는 것을 싫어했을까?"
"왜 조는 자신이 남자가 아니라는 것에 불만을 가졌을까?"
"왜 조는 결혼을 하면 자유를 뺏긴다고 생각했을까?"

조의 말과 행동을 토대로 한 질문을 통해 그 시대의 여성상에 대해 생각해볼 수 있습니다. 19세기 미국의 여성들이 가진 가장 큰 역할은 결혼해서 남편과 가정을 위해 사는 것이었습니다. 자신의 재능을 키우기보다 가족을 위해 희생하며 살아야 했습니다. 그런 이유로 여성은 남성에 비해 배움의 기회도 적었고 사회생활을 할 때도 제약이 많았습니다. 자연히 조 같은 여성이 주변의 불편한 시선을 받는 것은 당연했을 것입니다.

이처럼 문학 작품에는 시대를 상징하는 인물들이 등장합니다. 독자는 그 인물들을 통해 그 시대의 모습들을 읽어낼 수 있습니다. 마크 트웨인의 『허클베리 핀의 모험』의 흑인 짐을 통해 당시 노예들의 삶을 떠올릴 수 있고, 찰스 디킨스의 『올리버 트위스트』의 주인공 올리버를 통해 19세기 산업혁명 시대의 하층민들의 삶의 모습을 알 수 있는 것처럼요.

조선 22대 왕 정조 이산(正祖 李祘)의 어록을 담은 『정조 이산 어록』(포럼)에서 정조는 이렇게 말합니다.

간인문자(看人文字).
부단간시호(不但看時好).
유족이지기인처(有足以知其人處).
지시역호(知時亦好).

즉, '어떤 사람의 글을 읽는 것은 그 시대를 살피기에 좋을 뿐만 아니라, 그 사람을 알 만한 곳도 있고, 시대를 알기에도 좋다'라는 뜻입니다. 좋은 질문으로 고전 문학 속 인물들에 녹아 있는 시대를 아이가 읽어낼 수 있게 도와주세요. 아이는 그 시대의 모습을 이해할 수 있을 뿐 아니라 자신이 살고 있는 세상의 모습도 더 잘 볼 수 있게 될 것입니다.

자신의 내면을 들여다보게 하는 질문

문학 및 비판 이론, 읽기 교육학 및 교육 분야에서 매우 영향력 있는 사상가인 루이즈 로젠블랫(Louise M. Rosenblatt)은 『독자, 텍스트, 시』(한국문화사)에서 이렇게 말했습니다.

> 작가의 손을 떠난 텍스트는 독자가 독서를 하여 작품으로 재현하기까지는 종이와 잉크에 지나지 않는다. 독자의 독서 행위를 통해서 비로소 텍스트의 의미가 구성되고, 문학 작품으로서 가치를 지닌다.

똑같은 텍스트를 읽어도 독자 자신이 가진 경험에 의해 다양하게 해석될 수 있고, 다양한 해석이야말로 문학 작품이 가진 가치라는 말입니다. 아이들을 가르치기 전에는 이 말의 의미를 정확히 알지 못했습니다. 그런데 같은 책을 읽고도 아이마다 다른 생각을 한다는 것을 경험하게 됐죠. 누구 하나 틀린 생각을 하는 경우는 없었습니다. 각자의 경험에 비춰 나름대로 생각의 근거를 이야기해줬으니까요.

'아, 맞아! 그렇게 생각할 수도 있겠구나!'
'나는 내 입장에서 생각하고, 저 아이 또한 자신의 입장에서 생각했으니, 당연히 다를 수밖에 없구나.'

무슨 책이든 그 해석에는 분명한 하나의 답이 있을 것이라고 생각했던 제 고정관념은 한순간에 무너졌습니다. 그 이후 제 독서 목표는 '다양한 해석과 자기만의 생각 만들기'가 됐습니다.

성찰 질문1. 자신을 대입해 해석하고 질문하기

톨스토이의 『바보 이반』을 읽고 아이들의 관점에서 작품을 해석해보는 시간을 가졌습니다. 5학년 지민이와 소윤이에게 물었습니다.
"이반이 왕으로 있는 나라는 어떨 것 같아? 너희가 예상했던 모습과 비슷해?"

소윤이가 대답했습니다.

"아니요. 완전 반대예요. 저는 이반이 왕이 되어 궁전에서 먹을 걱정 안 하고 편하게 살 줄 알았거든요."

지민이도 소윤이의 말에 동의했습니다.

"맞아. 나도 그렇게 생각했어. 그런데 그런 세상은 이반이랑 좀 안 어울리잖아?"

지민이와 소윤이에게 다시 질문했습니다.

"작가는 이반처럼 사는 게 행복한 삶이라고 생각했을 거야. 그 시대에는 세문이나 타라스처럼 욕심 부리는 사람들 때문에 문제가 많았으니까. 그럼 우리가 사는 세상은 어떨까? 이반의 나라처럼 완벽할까? 너희는 이반처럼 행복한 삶을 살고 있니?"

아이들은 조금의 망설임도 없이 동시에 대답했습니다.

"아니요!"

아이들이 생각하는 이상적인 세상은 무엇인지 궁금해서 물었습니다.

"그럼 너희가 나라를 세운다면 어떤 나라를 세우고 싶어?"

소윤이가 말했습니다.

"저는 사람들이 이반처럼 농사를 짓고 살았으면 좋겠어요. 그럼 빈부격차도 생기지 않을 것 같아요. 모두가 평등해지는 거죠. 그리고 무엇보다 좋은 건 공부를 안 해도 된다는 거예요. 하하하."

지민이도 자기가 상상한 세상에 대해 이야기했습니다.

"저는 너무 옛날로 돌아가는 건 별로 좋지 않은 것 같아요. 이미 사람들이 과학의 혜택으로 편리한 것들을 누리고 사는데, 그런 것들이 다 없어지면 싫어하지 않을까요? 제 생각도 소윤이의 생각과 비슷해요. 공부로 경쟁하지 않는 사회가 좋아요. 그리고 자연이 많았으면 좋겠어요. 한마디로 친환경적인 과학 기술이 발달해 있고, 사람들이 각자의 재능을 발휘할 수 있는 직업을 갖고 살 수 있는 곳을 만들고 싶어요."

지민이의 생각을 듣고, 소윤이가 갑자기 손을 번쩍 들더니 말했습니다.

"생각이 좀 바뀌었는데요. 저는 아담한 나라를 세우고 싶어요. 인구가 많지 않아서 아파트는 필요 없을 것 같고…. 아, 제 나라에는 자동차도 없어요. 그리고 한 가족에게 작은 주택을 하나씩 주고, 거기서 자신들이 좋아하는 일을 하며 살게 하고 싶어요. 세금이 없고, 반드시 지켜야 할 규칙은 있어요. 환경을 오염시키지 않아야 해요. 그리고 매월 정해진 날에는 나무를 심어야 하고요."

아이들이 상상한 이상적인 세상은 톨스토이가 생각한 세상과 많이 다릅니다. 아이들은 톨스토이가 산 세상과 다른 세상에서 살고 있으니까요. 그런데 그때나 지금이나 사람들이 이상적인 세상, 지금보다 더 나은 세상을 꿈꾼다는 것은 같습니다.

'우리가 행복할 수 있는 세상은 어떤 세상일까?'

'지금 우리의 행복을 방해하는 것들은 무엇일까?'
'행복을 방해하는 것들만 없어지면 우리는 행복할 수 있을까?'
'그 세상은 어떤 모습일까?'

고전 문학은 이처럼 시대를 넘나드는 질문을 우리에게 던집니다. 우리는 과거로부터 온 질문을 현재에, 또 10년이 지난 미래에 답할 수가 있죠. 고전 문학이 던지는 좋은 질문은 아이들이 현재 자신의 삶을 돌아보고 더 나은 삶을 상상할 수 있게 한다는 점에서 매우 의미가 있습니다. 5학년 지효도 『몽실 언니』를 해석하는 과정에서 여러 생각이 드는 것 같았습니다. 특히 자신이 전쟁 중에 태어나지 않았다는 사실에 안도의 숨을 쉬었습니다.

"휴, 제가 전쟁 중에 태어나지 않은 게 정말 다행이에요. 저는 몽실이처럼 살 자신이 없거든요. 그런데 우리 할아버지는 한국 전쟁 때 여섯 살이셨대요. 엄청 힘드셨을 것 같아요. 할아버지는 어디로 피난을 가셨었는지 여쭤봐야겠어요."

지효는 『몽실 언니』를 읽고서 전쟁을 직접 경험한 할아버지의 이야기를 더 자세히 듣고 싶어 했습니다. 지효에게 제가 물었습니다.

"그때 살아 계셨던 분들은 우리가 상상할 수 없을 만큼 힘드셨을 거야. 만약 지효가 몽실이였다면 어떻게 했을 것 같아?"

지효는 고개를 절레절레 흔들며 말했습니다.

"저는 엄마가 저한테 상의도 없이 다른 남자와 결혼해서 같이 살면, 매일 펑펑 울었을 것 같아요."

유진이는 지효의 말을 듣고 있다가 조용히 자신의 생각을 말했습니다.

"저는 몽실이처럼 아무 말도 못 하고, 엄마가 시키는 대로 했을 것 같아요. 제가 겁이 많아서요. 계속 아빠가 보고 싶다고 울면 새아빠가 화날 거 아니에요. 새아빠가 무서울 것 같아요. 또 저는 몽실이처럼 동생들을 위해 구걸하지는 못했을 거예요. 제가 부끄러움이 많아서요…. 그런데 저도 몽실이처럼 용감해지고 싶기는 해요."

질문이 아이를 향할 때, 아이는 자신을 들여다보게 됩니다.

'나는 어떤 성격일까?'
'내가 책 속 인물이었다면 어떤 생각을 했을까?'
'왜 그렇게 생각했을까?'
'내가 책 속 인물의 상황에 놓였다면 어떻게 행동했을까?'
'왜 그렇게 행동했을까?'

아이는 질문에 답하기 위해 자신과 관련된 모든 정보를 떠올릴 것입니다. 자신을 낯선 상황에 놓고, '나라면?'이란 가정으로 수많은 상상을 해보겠죠. 그 과정에서 아이는 자신도 미처 몰랐던 자신에 대해 알게 됩니다. 이처럼 자신에 대해 생각하게 만드는 좋은 질문은 단순히 책 속 인물의 삶을 이해하게 돕는 수준을 넘습니다. 질문은 아이 자신의 삶과 그 삶을 소리 없이 이끄는 자신의 가치관을 들여다보게 하는 중요한 역할을 합니다.

성찰 질문2. 현대적 시각으로 재해석해보기

공주들이 변했습니다. 과거의 공주는 약하고 소극적이며 남성의 보호를 받아야 했습니다. 게다가 왕자의 사랑을 얻는 것이 인생의 목표였죠. 그런데 요즘 공주들은 어떤가요? 디즈니 애니메이션에는 여전히 공주가 많지만, 전과는 다른 모습입니다. 〈겨울 왕국〉의 엘사는 강력한 마법도 쓸 수 있고, 어려움에 당당히 맞서며, 스스로 자신의 삶을 이끌어가는 주체성도 보입니다. 〈알라딘〉의 자스민 공주도 악당들과 맞서는 당당한 모습을 보여줍니다.

이처럼 시대가 변하면 과거에는 진리처럼 믿었던 것들이 서서히 변해 새로운 관점으로 해석됩니다. 과거에는 열심히 공부해 관직을 얻는 것이 중요한 목표였다면, 요즘은 개성을 발휘하며 자신의 장점을 키워가는 것을 중요하게 생각하는 것처럼요.

이런 점에서 고전 문학은 참 좋은 소통 도구인 것 같습니다. 과거의 작가가 던진 질문들에 현재의 우리가 답해볼 수 있는 기회를 주니까요. 더 흥미로운 건 시간이 갈수록 끊임없이 새로운 답들이 생길 수도 있다는 점입니다. 고전을 통해 시대를 넘나드는 소통이 가능하다는 것이죠.

  지금까지는 작가가 살았던 시대를 중심으로 작품을 해석해봤다면, 이제는 아이가 현대적 시각으로 작품을 다시 바라볼 수 있게 하는 질문을 해봅시다. 책 속으로 떠난 여행을 마치고 다시 집으로 돌아와, 여행에서 있었던 일들을 다시 떠올려보는 것처럼요. 앞에서 언급한 작품들을 중심으로 질문을 만들어볼까요?

☆『바보 이반』
- 우리의 관점에서 바라볼 때, 이반의 나라가 정말 이상적인 사회일까?
- 그렇다면 왜 그렇게 생각했어?
- 아니라면 어떤 점이 보완되어야 한다고 생각해?
- 우리는 이반의 나라에서 살 수 있을까?
- 이반은 정말 바보일까?
- 세묜처럼 군대를 키워 강한 나라를 만드는 것이 꼭 나쁘기만 할까?
- 타라스처럼 경제 대국을 만드는 것이 꼭 나쁘기만 할까?

☆『크리스마스 캐럴』
- 스크루지가 돈을 벌기 위해 크리스마스 이브에도 일하는 것을 나쁘다고만 할 수 있을까?
- 스크루지가 돈을 아끼려고 추운 겨울에도 촛불의 온기만으로 생활하는 것을 어떻게 생각해?

✿『흥부놀부전』

· 놀부가 재물에 욕심을 부리는 것을 반드시 나쁘다고만 할 수 있을까?
· 경제가 어려운 요즘 같은 시대에 흥부와 놀부 중 누가 이 시기를 잘 극복할 수 있을까?
· 흥부와 놀부 중 누가 더 바람직한 가장일까?
· 현 시대에 놀부에게서 배울 점은 없을까?
· 현 시대에 흥부에게서 배울 점은 없을까?

✿『홍길동전』, 『허생전』

· 목표를 이루지 못한 삶은 실패한 삶일까?
· 지금은 신분 차별이 모두 사라졌을까?
· 허생과 홍길동이 만든 세상은 좋은 점만 있을까?
· 지금 시대에 홍길동처럼 도적질을 해서 가난한 사람들을 돕는다면 어떨까?
· 다양한 나라와 무역을 하는 것이 꼭 장점만 있을까?

✿『자전거 도둑』

· 내가 수남이였다면, 자동차 주인의 행동에 어떻게 반응했을까?
· 수남이와 나는 어떤 점이 비슷하고 어떤 점이 다를까?
· 수남이가 지금의 서울의 모습을 보았다면 어떤 생각을 했을까?
· 수남이가 내 친구였다면, 나는 수남이에게 뭐라고 말해줬을까?

·내가 주인 아저씨였다면, 나는 수남이에게 뭐라고 말했을까?

·내가 생각하는 시골과 도시는 어떤 점이 다를까?

  이 모든 질문에 대한 답은 아이 스스로 찾아야 합니다. 지금 당장 찾을 수도 있지만, 시간이 지나야 찾을 수 있는 것도 있습니다. 스스로 질문할 줄 아는 아이는 답을 찾을 수 있지만, 질문할 줄 모르는 아이는 답을 찾을 수 없죠.

  질문으로 우리 아이가 얻을 수 있는 것은 지식이 아닙니다. 동양의 역사나 서양의 역사를 줄줄 욀 만큼 지식이 많은 아이가 아니라, 그 지식을 기반으로 '나(자아)'가 만들어진 지혜로운 아이가 되어야 합니다. 고전으로 인간의 삶을 이해하고 자신의 삶을 들여다볼 줄 아는 아이, 자신이 행복한 삶이 무엇인지 아는 아이, 그 삶을 이루기 위해 행동할 줄 아는 아이가 돼야 합니다. 그러기 위해서는 세상을 넓게 보고 다양한 관점으로 세상을 바라보게 하는 좋은 질문이 항상 아이 안에 있어야 합니다.

5장

탐구하고 비판하고 문제 해결력을 키우는 비문학 질문법

인간은 세상으로부터 벗어나 살 수 없습니다. 세상 안에서 경험하고 성장하기 때문이죠. 그래서 세상에 대해 잘 알아야 합니다. 내가 살고 있는 세상, 앞으로 살아갈 세상에 대해 배우고 생각하는 법을 알아야 잘 성장하고 잘 살 수 있습니다. 잘 산다는 의미는 다른 사람들과 더불어 행복하게, 나의 재능을 세상에 발휘하며 의미 있게 사는 것을 말합니다.

그런 면에서 비문학은 아이들에게 세상의 모습을 알려주는 좋은 도구입니다. 아이들은 비문학을 통해 세상을 이루고 있는 다양한 것들에 대해 알게 됩니다. 그리고 비문학의 소재들을 읽고 질문함으로써 세상이 어떻게 연결되어 영향을 주고받는지, 어떻게 세상을 변화시키는지 생각하게 합니다. 더 나아가 아이가 세상 안에서 자신의 역할을 찾을 수 있게 도와줄 것입니다.

> 호기심을 자극하고
> 탐구하게 이끄는 질문

    2장에서도 좋은 질문의 1단계로 호기심을 자극하는 질문을 언급했듯이, 아이가 세상의 다양한 정보를 담은 비문학을 읽기 전에 호기심을 갖는 것이 매우 중요합니다. 저는 아이들의 호기심을 자극하기 위해 양재천 공원으로 야외 수업을 나가곤 합니다. 5학년 아이들에게 종이를 한 장씩 나눠주며 물었습니다.

"양재천에 와봤니?"

아이들이 큰 소리로 대답했습니다.

"네!"

"저는 거의 매일 와요. 그래서 양재천을 잘 알아요."

양재천에 익숙하다는 말에 아이들에게 물었습니다.

"정말 너희가 이곳에 대해 다 알고 있을까? 모르고 있는 건 없을까? 여기는 꽃도 풀도 나무도 이렇게나 많은데 말이야. 여기에 우리가 모르는 것들이 있지는 않을까?"

아이들은 자신 있게 대답했습니다.

"저는 주말마다 여기서 아빠랑 자전거를 타기 때문에 다 알아요."

"맞아요. 저도 거의 매일 산책하는걸요."

저는 아이들의 대답에 호응하며 과제를 내줬습니다.

"지금부터 30분 동안 공원을 돌아다니면서 주변을 자세히 관찰해봐. 그럼 궁금한 것들이 생길 거야. 지금 나눠준 종이에 궁금한 것에 대한 질문을 적어보자."

아이들은 어리둥절한 표정이었습니다. 그도 그럴 것이 아무리 둘러봐도 풀, 나무, 길 등 익숙한 것들뿐이었기 때문이죠. 아이들이 어쩔 줄 몰라 하는 듯해 약간의 도움말을 주었습니다.

"어떤 질문이든 괜찮아. 천천히 걸으면서 땅도 보고 풀도 보고 사람도 잘 관찰하다 보면 분명 궁금한 게 있을 거야."

아이들은 제 말에 반신반의하며 천천히 주위를 둘러보며 걷기 시작했습니다. 그러다 질문할 게 없다던 한 아이가 갑자기 물었습니다.

"그럼, 이런 질문도 괜찮아요?"

"어떤 질문?"

"'저 아저씨는 날씨가 이렇게 더운데 왜 온몸을 다 덮는 옷을 입고 자전거를 탈까?' 같은 질문요. 방금 자전거를 타고 지나간 아저씨가 온몸을 다 덮은 옷을 입고 있었잖아요."

"아주 좋은 질문인데!"

그때, 옆에 있던 다른 아이가 말했습니다.

"정말, 얼굴도 모자로 다 가렸네. 안 덥나?"

한 아이가 질문을 만들자, 다른 아이들도 이에 질세라 공원의 돌 하나까지도 자세히 관찰하며 질문을 만들었습니다. 그 뒤로도 아이들은 30분 동안 많은 질문을 만들었습니다.

'나비는 왜 이 흰 꽃 주위에만 많이 있을까?'

'왜 다리 밑에만 잉어들이 몰려 있을까?'

'잉어는 여기서 얼마 동안 살았을까?'

'다리에 기둥이 없으면 다리가 무너질까?'

'왜 어떤 풀은 키가 크고 어떤 풀은 키가 작을까?'

'난 햇빛이 왜 싫을까?'

'어른들은 왜 오래 걸어도 안 지칠까?'

'이렇게 더운 날 새들은 왜 저렇게 많을까?'

'이렇게 커다란 징검다리 돌을 누가 옮겼을까?'

'가는 곳마다 왜 쓰레기가 길에 버려져 있을까?'

'세잎 클로버는 왜 네잎 클로버보다 많을까?'

'이 공원은 누가 청소하지?'

아이들은 이렇게 질문이 많이 생길 줄 몰랐다며 저마다 신기해했습니다. 한 아이는 궁금증이 사라지지 않는지, 한참 서서 산책길 주변으로 울퉁불퉁하게 쌓은 돌담을 바라보며 말했습니다.

"돌담을 왜 저런 모양으로 쌓았지? 이유가 있어서 그랬을까? 아니면, 그저 꾸미려고 쌓은 것일까? 이런 질문에 대한 답은 책에 나와 있지도 않을 텐데…. 엄마한테 물어봐야겠다."

이 아이의 말을 듣고, 다른 친구가 돌담을 보며 말했습니다.

"어, 진짜네! 돌담이 이상한 모양으로 생겼어. 혹시 비가 많이 오면 흙들이 쏟아질지 모르니까 그렇게 쌓지 않았을까?"

또 다른 아이도 말했습니다.

"아니면, 혹시 담을 넘어가야 할 상황에서 담에 잘 오를 수 있게 쌓은 거 아니야? 발로 딛기 편하게 한 거지. 담을 매끈하게 쌓으면 미끄러워서 올라갈 수가 없잖아. 급할 때 올라가라고 저렇게 쌓지 않았을까?"

아이들은 미처 발견하지 못했던 양재천의 새로운 모습들을 발견했습니다. 친구들과 서로의 질문을 공유하며 함께 궁금해하기도 했죠. 궁금증을 해결하기 위해 다양한 생각들을 내놓기도 했고요. 발견은 호기심을 만들고, 호기심은 아이들을 탐구하게 만들었습니다.

낯선 것에 의문을 갖게 만드는 힘

호기심은 아이의 강력한 내적 동기를 만듭니다. 알고자 하는 의지가 생기기 때문이죠. 아이는 호기심을 통해 자신이 모르는 것, 알고 싶은 것을 발견하고 그것에 대해 알게 되었을 때, 성취감을 느낍니다. 이 경험은 아이를 능동적으로 행동하게 만듭니다.

책을 읽을 때도 마찬가지입니다. 목적 없이 책을 읽는 아이는 책을 읽을 때 집중력이 떨어질 뿐만 아니라 정보들을 맥락 없이 산발적으로 받아들입니다. 반면, 호기심을 갖고 자신이 알고자 하는 것이 무엇인지 정확하게 인지하며 책을 읽는 아이는 집중해서 책을 읽을 수 있을 뿐만 아니라 지식을 이해하는 능력 또한 향상됩니다. 내적 동기가 생기기 때문입니다.

이처럼 아이들은 자신이 궁금해하는 것을 배울 때는 눈이 반짝거리게 됩니다. 또 자신이 이해되지 않으면, 이해가 될 때까지 질문하는 능동적인 태도도 보입니다. 아이의 이러한 호기심을 자극하려면 좋은 질문이 필요합니다. 좋은 질문은 낯선 것에 의문을 가지게 하고 익숙한 것도 낯설게 볼 수 있게 함으로써 아이의 잠자고 있던 호기심을 깨워주기 때문이죠.

사실과 지식을 검증하는 힘

국제 컨설팅 회사 시넥틱스의 컨설팅 매니저 제프 모지(Jeff Mauzy)와 공동 대표인 리처드 해리먼(Richard Harriman)은 호기심에 대해 이렇게 정의했습니다.

현재의 상황을 극복할 정도의 강력한 동기를 갖고 있다면 행동으로 옮기게 된다. 행동은 우선 유용한 정보를 구하는 것에서 시작된다. 이러한 정보 탐색은 동기에 의해 드러나는 미지의 가능성을 탐색하는 심리 상태인 호기심에서 비롯된다.

아이들에게서도 호기심은 질문을 찾기 위한 매우 중요한 원동력이 됩니다. 곧 중학생이 되는 석우는 최근에 우주에 관련된 책을 흥미롭게 읽었다고 합니다. 석우에게 물었습니다.
"석우야, 넌 지구가 태양의 주위를 돈다는 사실을 알고 있지?"
석우는 킥킥거리며 대답했습니다.
"그걸 모르는 사람이 어디 있어요? 그건 유치원생도 알아요!"
석우의 말대로 지구가 태양의 주위를 돈다는 사실은 유치원생도 압니다. 그런데 그 사실을 석우는 어떻게 알았을까요? 책에서 읽었거나 학교에서 배웠겠죠. 그렇다면 지구가 태양의 주위를 돈다는 사실을 몰랐던 먼 과거로 돌아가보기로 했습니다.

"지금 우리는 16세기에 사는 사람이야. 우리는 태양이 지구의 주위를 돈다는 천동설을 믿고 있지. 그런데 폴란드의 천문학자 코페르니쿠스라는 사람이 나타나 지구가 태양의 주위를 돈다고 주장한 거야. 지동설이지. 석우라면 코페르니쿠스의 말에 어떤 생각이 들었을 것 같아?"

석우가 잠시 머뭇거리다가 답했습니다.

"어이없었겠죠."

"왜 그런 생각이 들었을 것 같아?"

"오랫동안 사람들이 천동설이 맞는다고 믿고 있었으니까요."

"그래? 그럼 석우가 그때 천동설을 믿는 사람이었다면, 지동설을 주장하는 사람들한테 뭐라고 말했을 것 같아?"

석우는 눈만 깜박일 뿐 한참을 아무 말도 하지 못하다가 솔직하게 말했습니다.

"제가 이미 지구가 태양의 주위를 돈다는 걸 알고 있어서, 천동설을 믿는 사람 입장에서 말을 하지 못하겠어요."

"그래? 그럼 석우는 지구가 태양의 주위를 돈다는 사실을 어떻게 알았지?"

"학교에서 배워서요."

"학교에서 안 배웠어도 알게 되었을 것 같아?"

"아니요."

"왜 몰랐을 것 같아?"

"안 보이니까요. 사람들은 지구가 태양의 주위를 도는 걸 볼 수 없잖아요."

"그럼 사람들은 하늘에서 무엇을 보았을까?"

"음…, 태양이 뜨고 지는 거랑 별, 달은 볼 수 있어요."

그때 석우는 무언가 할 말이 떠오른 것 같았습니다.

"아, 이제 알겠어요! 사람들 눈에는 태양이 동쪽에서 서쪽으로 움직이는 것처럼 보이잖아요. 그러니까 태양이 움직이는 것이라고, 지구가 움직이는 게 아니라고 생각했을 것 같아요!"

"맞아. 그때 사람들도 그렇게 생각했을 거야. 대단한데! 그 시대 사람도 아닌데 천동설을 주장한 사람들의 생각을 읽어내다니…. 그것봐, 그 시대 사람이라고 생각하니까 자연스럽게 생각이 떠오르지?"

석우는 자신도 신기한 듯 씩 웃었습니다. 조금 더 깊이 있게 이야기를 나눠도 될 것 같아 석우가 다른 관점에서 생각할 수 있게 질문을 바꿔봤습니다.

"자, 이번엔 석우가 지동설을 주장하는 사람의 편에 서서 생각해 보자. 지구가 태양의 주위를 돈다는 건 석우도 알고 있으니까 어렵지 않겠지? 그럼 좀 전에 석우가 천동설을 주장한 데 대해 어떻게 반박할래? 석우는 지구가 태양의 주위를 돈다는 걸 알고 있잖아."

석우는 한참 말하지 못하다가, 고개를 갸우뚱거리며 혼자 중얼거렸습니다.

"아, 지구가 태양의 주위를 돈다는 걸 어떻게 알았지? 그때는 인공위성도 없었을 텐데 이상하네. 지동설을 주장하는 입장에서 설명하는 게 더 쉬울 거라고 생각했는데…."

"시간이 오래 걸려도 좋으니까 천천히 생각해봐."

석우는 지구가 태양 주위를 돈다는 사실을 분명히 알고 있으면서도 설명하지 못하는 자신을 답답해했습니다. 저는 석우에게 생각할 시간을 충분히 줬습니다. 그리고 석우는 그렇게 궁금증을 안고 집으로 돌아갔습니다. 다음 주에 석우를 만난 저는 석우가 답을 찾았는지 물었습니다.

"선생님, 제가 드디어 알아냈어요! 집에 있는 과학책에서 지동설과 관련된 내용을 찾아봤는데요. 아이들이 보는 책에는 지구가 태양 주위를 돈다는 사실을 알아낸 과정을 제대로 설명해놓은 책이 별로 없더라고요. 그래서 주말에 아빠랑 서점에 가서 관련 책을 찾아봤어요."

석우는 지난 일주일 동안 자신이 지동설에 대해 공부한 내용을 마구 쏟아냈습니다. 신나게 말하는 석우의 표정에서 석우가 얼마나 재미있게 공부했는지 알 수 있었습니다.

'답'보다 '과정'

지식을 '수동적으로 배워 아는 것'과 스스로 '질문하며 탐구하여 알아내는 것'은 큰 차이가 있습니다. 석우의 예에서도 알 수 있죠. 석우는 지구가 태양의 주위를 돈다는 사실을 명확히 알고 있었지만, 그 사실을 어떻게 탐구해 알아냈는지는 생각해보지 않았죠. 우리에게 필요한 건 배워서 아는 지식이 아닙니다. 석우의 말처럼 그 사실은 누구나 아니까요. 아이들에게는 탐구의 과정이 필요합니다. 질문에 대해 논리적으로 생각하며 답으로 조금씩 다가가는 생각의 과정 말이죠.

우리가 읽는 비문학에는 탐구의 과정이 잘 담겨 있습니다. 물리학자인 정재승 카이스트 교수의 『있다면? 없다면!』을 예로 들어보겠습니다. 이 책은 저자가 스스로 질문하며 탐구하는 과정을 잘 담고 있습니다. 아이들은 이 책을 읽으면서 저자가 무엇을 궁금해했고, 그것을 알아내기 위해 스스로 어떤 질문을 했는지, 그 질문에 대한 답을 어떻게 찾아가는지 알 수 있습니다. 책의 4부 소제목을 잠깐 살펴보도록 하죠.

'만약 세상의 모든 전선(電線)이 없어진다면?'

저자는 이렇게 자신에게 상상의 질문을 던지며 생각을 하기 시작합니다. 그리고 곧 자신의 주변을 살펴보며 또 질문합니다.

'우리는 얼마나 많은 전선 그물망 안에서 살고 있는 것일까?'

'우리 집 안에는 얼마나 많은 전선들이 뱀처럼 꼬여 있을까?'

저자는 우리의 주변에 얼마나 많은 전선이 있는지 떠올려봅니다. 자신에게 질문하며 생각을 구체화하는 것이죠. 그리고 저자는 질문에 답하기 위해서 정보를 수집합니다. 그 과정에서 우리가 일상적으로 사용하는 전기의 양이 매우 많다는 걸 알 수 있습니다. 또 다른 문제를 발견한 것이죠. 이렇게 문제를 인식함과 동시에 자신에게 또 다른 질문을 던집니다.

'전선이 없는 세상이 온다면 지구는 어떻게 바뀔까?'
'전선이 없다면, 우리는 무엇으로 전기 에너지를 공급받을 수 있을까?'
'과연 전봇대를 가로지르는 전선 없이 에너지와 데이터를 전송하고 사용할 수 있는 세상을 맛볼 수는 있을까?'

저자는 이렇게 스스로에게 계속 질문하면서 전선 문제를 해결할 수 있는 방법을 생각합니다. 아이들이 비문학을 읽어야 하는 이유는 단순히 지식을 많이 쌓기 위해서가 아닙니다. 과학자, 사회학자, 철학자가 어떤 호기심에서 탐구를 시작했고, 스스로에게 어떤 질문을 하며 탐구의 과정을 발전시켰는지, 그 과정을 배우기 위해서입니다.
누군가가 잘 정리해둔 정보를 수동적으로 받아들이면 지식은 내

것이 될 수 없습니다. 질문을 통해 탐구하는 과정에서 나의 지식이 됩니다. 그 과정에서 아이는 자신의 지적 호기심을 해결하는 즐거움과 성취감을 느낄 수 있습니다. 부모는 좋은 질문으로 아이가 호기심의 싹을 틔우고 열매를 맺을 수 있도록 도와주면 됩니다.

탐구 질문1. 세상에 관심을 갖게 만들기

엄마가 빨래 후 마른 옷을 개며 말합니다.
"옷에 있던 물이 다 어디로 갔지?"
여섯 살 아이는 엄마의 질문을 받고 슬그머니 옷을 만져봅니다. 엄마는 아이에게 또 질문합니다.
"어떻게 빨래한 옷이 마를까? 햇빛이 말려주나? 아니면 바람이?"
그러면 아이는 곰곰이 생각해볼 것입니다. 엄마의 추측이 맞는지, 아니면 또 다른 가능성은 없는지 말이죠. 아이가 호기심을 갖게 만드는 질문이 반드시 의문문일 필요는 없습니다.

"오늘 우리나라 남쪽 부근에서 지진이 났대!"
"오늘 밤에는 전국에서 혜성을 볼 수 있대!"
"주사기로 의사 로봇을 환자 몸 속에 넣어서 병을 치료하는 기술을 개발했대!"

엄마가 뉴스에서 본 것, 영화나 다큐멘터리에서 본 것을 아이에게 이야기해줘도 괜찮습니다. 그러면 아이는 '지진은 왜 나?', '혜성이 뭐야?', '지구에 혜성이 떨어지면 어쩌지?'라고 하면서 관심을 갖고 엄마에게 되물을 것입니다.

탐구 질문2. 일상 속 주제로 탐구하기

일상에서도 충분히 아이의 호기심을 자극할 수 있는 질문이 많습니다. 길을 걸을 때, 텔레비전 뉴스를 볼 때, 여행을 갔을 때, 곳곳에 질문거리들이 가득합니다. 주변을 둘러보다가 질문거리를 발견하면 아이에게 질문해보세요. 답을 맞히는 게 아니라 그냥 한번 생각해보는 기회를 가져보는 거예요. 아이가 가진 호기심의 불씨가 사라지지 않게 말이죠. 그러다 아이가 정말 궁금한 게 생기면 스스로 탐구하려고 할 것입니다. 자신이 궁금한 것과 관련된 책을 찾아 읽거나, 부모에게 물어보기도 하겠죠. 며칠을 머릿속으로 계속 생각하며 탐구를 이어갈 수도 있습니다.

⚛ 자연 과학
- 가습기에서 나온 물은 다 어디로 갔을까?
- 빨래한 젖은 옷은 어떻게 마를까?

· 비는 어디서 내릴까?

· 석유는 왜 땅 속에만 있을까?

· 태풍이 불어도 왜 나무 위 까치집은 무너지지 않을까?

· 전기는 어디서 올까?

· 휴대전화는 어떻게 상대방의 목소리를 전해줄까?

☆환경

· 우리가 버리는 쓰레기는 어디로 갈까?

· 하루에 어떤 종류의 쓰레기가 가장 많이 나올까?

· 쓰레기로도 집을 지을 수 있을까?

· 우주에도 쓰레기가 있을까?

· 미세 먼지는 어디서 올까?

☆경제

· 돈은 왜 만들었을까?

· 돈이 없었을 때는 어떻게 물건을 사고팔았을까?

· 열심히 일하면 돈을 많이 벌 수 있을까?

· 은행은 어떻게 우리에게 이자를 줄 수 있을까? 은행도 돈을 버나?

· 미래에도 돈이 계속 존재할까?

· 돈이 없어지면 무엇이 돈으로 사용될까?

탐구 질문3. 책의 차례를 이용해 질문하기

질문 만들기에 익숙하지 않다면, 책의 차례를 이용하는 방법도 있습니다. 차례 중에는 아이들이 궁금증을 가질 수 있게 질문 형식으로 된 책들이 있습니다. 온라인 서점에서 책의 차례를 미리 확인할 수 있으니, 같은 주제의 책이라도 여러 권을 비교해보고, 아이가 흥미를 가질 만한 질문이 있는 책을 구입하면 됩니다. 차례를 이용해 질문하면 아이가 책의 주제에 대해 미리 생각해볼 수 있습니다. 목적을 갖고 책을 읽도록 이끄는 장점도 있습니다. 단, 욕심을 부려 질문을 많이 하기보다 아이가 관심을 가질 만한 주제를 한두 개 정도 골라 질문하는 것이 더 좋습니다. 그리고 나서 질문과 관련된 책의 내용을 읽게 하면 됩니다. 만약 차례가 질문으로 되어 있지 않다면 질문 형식으로 바꿔 아이에게 질문할 수도 있습니다.

탐구 질문4. 끊임없이 '왜?'라고 물으며 호기심 해결하기

탐구는 생각의 씨앗을 키워가는 과정입니다. 씨앗에 물도 주고 흙도 갈아주듯 생각을 수정하고 보완하며 키워가는 과정이죠. 길로 표현하면 시작되는 곳과 끝나는 곳이 직선으로 나 있는 길이 아니라, 꼬불꼬불한 미로 같은 길입니다. 길을 잘못 찾아가기도 하고, 멀리 돌아가기도 하지만, 그렇게 생각을 넓히기도 하고 좁히기도 하면서 길을 찾아가면 됩니다. 단, 호기심은 길을 나서게 도와주긴 하지만, 목표점에 도착하는 데까지 도와주지는 않습니다. 목표점에 다다르기 위해서는 호기심을 탐구로 바꾸는 '왜?'라는 질문이 반드시 필요합니다.

2019년 발생한 코로나 바이러스로 전 세계가 공포에 떨었습니다. 정부에서는 바이러스 전파 속도가 빨라, 개개인이 조심하지 않으면 금세 몇십 명 혹은 몇백 명에게 이르기까지 바이러스가 확산될 수 있다고 경고했습니다. 웬만한 상점들이 모두 문을 닫고, 한순간 일자리를 잃은 사람들도 속출했습니다. 프랑스에서는 공공장소에서 마스크 착용을 의무화하고, 이를 지키지 않는 사람에게는 벌금을 최대 18만 원까지 부과한다고 했습니다. 그런데 미국의 몇몇 주에서는 사람들이 마스크를 쓰지 않은 채 마스크 쓰기 거부 시위를 벌인다는 텔레비전 뉴스가 전해지기도 했습니다. 개인의 자유를 침해한다는 이유에서였죠. 저는 해당 뉴스를 5학년 아이들에게 보여주고 질문했습니다.

"왜 미국 사람들은 마스크를 쓰지 않을까?"

아이들은 잠시 생각하더니 답했습니다.

"코로나가 무섭지 않아서 그런 거 아니에요? 아니면, 남을 배려하는 마음이 부족해서일 수도 있어요. 어쩌면 마스크 수량이 충분하지 않아서 그럴 수도 있고요. 우리도 코로나 바이러스가 처음 유행

했을 때, 마스크가 부족했었잖아요. 미국은 우리보다 인구가 많으니까 더 부족했을 수도 있잖아요."

"맞아. 다양한 원인이 있겠지. 그런데 시위를 하는 사람들은 마스크를 쓰게 하는 것이 왜 개인의 자유를 침해하는 일이라고 생각할까?"

"저도 이해가 안 돼요. 물론 마스크를 쓰고 안 쓰고는 개인의 자유지만, 자기가 마스크를 안 쓰고 다니다가 코로나에 걸리면 결국 자유를 빼앗기게 되지 않을까요?"

"그런데 왜 그 사람들은 우리같이 생각하지 않을까?"

"도덕을 안 배워서 그런가? 하하하. 아니면, 원래 누군가가 간섭하는 걸 싫어하는 사람들이기 때문일 수도 있고요. 다른 사람들에게 피해를 안 주는 것보다 개인의 자유가 더 중요하다고 생각하나 봐요."

이렇게 아이들은 한참 대화하며 탐구를 이어갔습니다. '왜?'라는 질문은 꼬리에 꼬리를 물고 질문하며 탐구하게 도와줍니다. 서로 번갈아가며 질문할 수도 있고, 자기 자신에게 질문하며 질문을 이어갈 수도 있죠.

책의 차례를 이용해 호기심을 유발하고, 탐구로 이어지게 하는 질문 만들기

✔ 『공정 : 내가 케이크를 나눈다면』 (우리학교)

"이긴 사람이 더 많이 갖는 게 왜 문제일까?"

호기심을 자극하는 질문으로 바꿔보기

· 무언가를 나눠 가질 때, 이긴 사람이 더 많이 가져야 한다고 생각해? 아니면, 이기고 지는 것과는 상관없이 공평히 나눠야 한다고 생각해?

탐구로 이어지는 질문 만들기

· 왜 그렇게 생각해?
· 어떻게 하면 사람들이 공평하다고 생각할 수 있을까?

✔ 『미생물은 힘이 세! 세균과 바이러스』 (아르볼)

"병균이 이길까, 약이 이길까?"

호기심을 자극하는 질문으로 바꿔보기

· 우리가 병에 걸리면 약을 먹잖아. 그럼 약이 병균을 없애줄까?

탐구로 이어지는 질문 만들기

· 약은 병균만 없애고, 우리 몸에는 전혀 영향을 주지 않을까?
· 몸에 해로운 약은 없을까?
· 강한 병균이 들어오면 어떻게 없앨 수 있을까?

· 약을 먹지 않고도 병균을 이길 수 있는 방법은 없을까?

✔ 『자본주의 논쟁』(풀빛)

"돈이 주는 행복 vs 사람이 주는 행복"

호기심을 자극하는 질문으로 바꿔보기
· 돈이 주는 행복이 더 클까, 사람이 주는 행복이 더 클까?

탐구로 이어지는 질문 만들기
· 돈은 어떻게 인간에게 행복을 줄까?
· 사람은 어떤 방법으로 인간에게 행복을 줄까?

✔ 『최열 선생님의 미세먼지 이야기』(다산어린이)

"미세 먼지, 언제부터 시작됐을까?"

호기심을 자극하는 질문으로 바꿔보기
· 엄마가 어릴 때는 미세 먼지가 조금도 없었는데, 왜 갑자기 이렇게 많아졌을까?

탐구로 이어지는 질문 만들기
· 미세 먼지는 어디서 발생할까?
· 미세 먼지가 우리나라에만 해당되는 문제일까?
· 미세 먼지로 생긴 피해에는 어떤 것들이 있을까?

　먼지가 쌓인 전집을 활용하는 방법도 좋습니다. 어떤 책을 사면 좋을지 몰라서 누구나 한 번쯤 전집을 사게 됩니다. 큰마음 먹고 샀는데 아이가 몇 권만 보고 흥미 없어하면 엄마는 책 좀 읽으라고 잔소리만 해대기 일쑤입니다. 책장 가득 자리만 차지하는 전집을 버리기는 아깝고 언젠가는 아이가 읽을 것 같아 그냥 두셨죠? 먼지만 쌓여가는 전집을 탐구의 도구로 사용해보세요. 전집은 다양한 분야의 정보들을 볼 수 있다는 장점이 있습니다. 호기심을 부르는 부모의 질문으로 아이가 어떤 분야에 관심이 생겼다면, 전집에서 그것과 관련된 책을 찾아 읽게 해주세요. 전에는 관심이 없어서 읽지 않았던 책이지만, 흥미를 갖고 찾아 읽을 것입니다.

> **비판적으로 생각하게 이끄는 질문**

먼저 어느 과학자에 대한 아래의 지문을 읽고, 1번 지문의 과학자와 2번 지문의 과학자에 대해 어떤 생각이 들었는지 생각해보세요.

지문 1)
이 과학자는 '인공 질소 비료'를 개발해서 1918년에 노벨상을 받았다. 식물이 성장하기 위해서는 질소가 필요한데, 천연 비료로는 한계가 있었다. 이 과학자는 암모니아 합성을 이용해 공기 중의 질소를 얻을 수 있는 방법을 개발했다. 이 인공 질소 비료 덕분에 농업 생산량이 획기적으로 늘어, 수억 명의 사람들이 굶어 죽지 않게 됐다.

지문 2)

이 과학자는 고성능 수류탄과 폭약 원료 등의 전쟁 무기를 만들었다. 그는 "과학자는 평화로운 시기에는 세계에 속하지만, 전쟁 중에는 국가에 속한다"라고 말하며, 나라를 위해 전쟁 무기 개발을 계속했다. 그는 독가스를 만들어 전쟁에 사용했고, 이로 인해 엄청난 인명 피해가 발생했다.

두 지문을 4학년 아이 두 명에게도 읽게 한 후 똑같이 질문해봤습니다.

"두 과학자에 대해 어떤 생각이 들었니?"

"첫 번째 과학자는 착한 과학자고요. 두 번째 과학자는 나쁜 과학자예요."

"저도 그렇게 생각해요."

"첫 번째 과학자는 사람들을 위해서 일했지만, 두 번째 과학자는 독가스를 만들어서 많은 사람을 죽였잖아요."

아이들은 모두 첫 번째 과학자를 좋은 과학자라고 생각했습니다. 그런데 첫 번째 지문의 과학자와 두 번째 지문의 과학자는 동일인물로 독일의 화학자 프리츠 하버(Fritz Haber)입니다. 아이들은 이 사실을 알게 되자 깜짝 놀랐습니다.

"같은 사람이라고요?"

"말도 안 돼!"

아이들은 사람을 살리는 기술을 발명한 과학자가 사람을 죽이는 무기를 개발했다는 사실을 믿기 어려워했습니다. 생각이 혼란스러운 것 같았습니다. 저는 아이들에게 세 번째 지문을 주고 함께 읽었습니다.

지문 3)
과다한 인공 질소 비료 때문에 곳곳에서 부작용이 생기고 있다. 이 비료가 빗물에 씻겨 내려가 지하수를 통해 강과 바다에 흘러들어가면서 바닷물 속 질소의 양이 많아지고 생태계 교란 문제가 일어나고 있다. 질소가 지하로 스며들어 오염된 물을 사람들이 지속적으로 마시면 입술과 손 끝, 귀가 검푸르게 변하는 청색증에 걸리기도 한다. 게다가 과도하게 사용된 질소 비료를 토양에 사는 미생물이 분해하는 과정에서 대기를 오염시키는 질소 산화물을 발생시키기도 한다.

저는 지문을 다 읽은 아이들에게 물었습니다.
"읽어보니 어때? 질소 비료가 인간에게 좋기만 하다고 생각하니?"
아이들은 큰 소리로 답했습니다.
"아니요!"
"질소 비료를 사용하면 안 되겠네요? 자연에도 안 좋으니까요."
자연의 피해를 걱정하는 아이들에게 저는 또 다른 질문을 던졌습니다.

"맞아. 그런데 질소 비료를 안 쓰면 또 예전처럼 식량이 부족해지지는 않을까?"

아이들은 질소 비료의 이면을 알게 된 후, 걱정이 많아졌습니다. 한 아이가 말했습니다.

"그럼 사람들이 이 과학자를 존경하지 않겠네요. 이 과학자가 발명한 것들이 모두 인간에게 피해를 주었으니까요."

"꼭 그렇지만은 않아. 어떤 기준으로 과학자를 보는지에 따라 생각이 다를 수 있지. 그럼 너희들은 어떤 과학자가 훌륭한 과학자라고 생각해?"

아이들이 지금까지 생각한 것을 토대로 훌륭한 과학자에 대해 생각해보기로 했습니다. 한 아이가 말했습니다.

"제가 생각하는 훌륭한 과학자는 인간에게 해를 끼치지 않아야 해요. 전쟁 무기들은 자기 나라만 생각하는 이기적인 발명품이에요. 이기적인 사람은 훌륭한 과학자라고 생각하지 않아요. 다른 사람들에게 피해를 주면서까지 자신이 유명해지는 사람은 과학자도 아니고, 그냥 범죄자와 같다고 생각해요. 과학 기술은 모든 인간들이 행복하게 잘살 수 있게 하는 데 사용해야 한다고 생각하거든요."

좋은 질문은 앞에서 제가 제시한 지문과 같은 역할을 합니다. 늘 당연하다고 생각했던 것들을 의심하게 만들기도 하고, 익숙한 관점에서 벗어나 다른 관점으로 생각하는 기회도 마련해주죠. 그 과정에서 기존의 정보를 다시 보고 새로운 생각을 발견하기도 합니다.

아이들이 좋은 과학자, 나쁜 과학자라는 이분법적 생각을 넘어 과학자의 역할, 과학의 장단점을 생각하게 된 것처럼요.

비판 질문1. 당연하다고 생각되는 것에 질문하기

앞의 예시에서도 보았듯이, 이 세상에는 절대적으로 옳고 그른 것은 없습니다. 무엇이든 관점에 따라 다르게 평가될 수 있죠. 아이가 당연하거나 옳다고 생각하는 것들을 찾아 의심해볼 수 있는 질문을 해주세요.

✩형은 동생에게 양보해야 한다
- 형이나 누나는 꼭 동생에게 양보해야 할까?
- 그렇게 해야 하는 이유는 뭘까?
- 그렇지 않다면 왜 그럴까?

✩부모님 말씀을 잘 들어야 착한 아이다
- 부모님 말씀을 잘 들어야만 착한 아이일까?
- 착하다는 건 뭘까?
- 왜 착해야 할까?

✦선생님의 말씀을 잘 들어야 한다
· 선생님의 의견에 동의하지 않아도 무조건 들어야 할까?
· 잘 듣지 않으면 어떻게 될까?
· 선생님의 의견에 동의하지 않을 경우, 어떻게 나의 생각을 선생님에게 전달할 수 있을까?

✦남자는 남자답고, 여자는 여자다워야 한다
· 남자답다 혹은 여자답다는 의미는 뭘까?
· 왜 남자답거나 여자다워야 할까?
· 남자가 남자답지 않거나, 여자가 여자답지 않으면 안 될까?
· 남자답다, 여자답다는 말이 우리에게 어떤 영향을 줄까?

✦위인들의 행동을 본받아야 한다
· 위인들은 모두 훌륭할까?
· 왜 그렇다고 생각해?
· 위인이 아닌 사람은 훌륭하지 않을까?
· 훌륭한 것과 그렇지 않은 것을 어떻게 구분할 수 있을까?

하버드대학교 심리학과 교수인 데이비드 퍼킨스(David Perkins)는 이렇게 말합니다.

잘못된 사고 중 90퍼센트는 논리가 잘못돼서가 아니라 인식의 잘못에서 비롯된다.

아이가 고정 관념으로부터 벗어나 올바른 판단을 할 수 있도록 일상에서 비판적으로 생각하게 할 수 있는 질문을 해주세요.

비판 질문2. 세상을 이해하고 판단하기 위한 질문들

비문학으로 우리 주변의 세상, 더 나아가 큰 세상의 모습을 살펴보고 아이와 함께 그 세상에 질문을 던져보세요. 그 세상이 우리 모두를 위하고 있는지, 잘못된 방향으로 가는 건 아닌지 말이죠. 아이가 세상을 제대로 보고 평가해보게 하는 질문은 아이의 생각을 논리적이고 깊이 있게 만들어줄 것입니다.

☆학교 생활
- 학교의 주인은 누구일까?
- 학교는 무엇을 하는 곳일까?
- 우리는 왜 공부를 해야 할까?
- 공부는 꼭 스스로 해야 할까?

☆환경
- 사람들은 자연을 어디까지 이용해도 될까?
- 사회의 발전과 자연 보호, 어떤 것이 우선시돼야 할까?
- 환경 파괴의 책임은 누구에게 있을까?

☆사회
- 모든 법은 정의로울까?
- 법은 누구에게나 공평할까?
- 법은 왜 만들었을까?
- 나도 법을 만들 수 있을까?
- 모두가 평등한 세상이 가능할까?
- 싸움과 다툼은 반드시 나쁠까?
- 거짓말을 하는 것은 반드시 나쁠까?
- 자유는 어디까지 허용될까?
- 개인이 먼저일까, 공동체가 먼저일까?

☆자연 과학·기술 과학
- 과학은 계속 발전시켜야 할까?
- 로봇과 인간은 공존할 수 있을까?
- 사람같이 생각하고 감정을 느끼는 로봇이 필요할까?
- 첨단 과학의 발전은 인간에게 좋기만 할까?

✦ 경제

- 돈은 왜 만들었을까?
- 돈으로 무엇을 할 수 있을까?
- 돈 없이는 아무것도 살 수 없을까?
- 돈이 많으면 좋을까?
- 돈이 많아서 나쁜 점은 없을까?
- 돈을 많이 벌어야 꼭 성공한 걸까?
- 미래에도 지금의 화폐가 여전히 존재할까?
- 돈으로 살 수 없는 것도 있을까?
- 내가 번 돈은 모두 나의 것일까?
- 돈을 많이 번 사람은 세금을 많이 내야 할까?

문제 해결력을 키우는 질문

　프랑스의 사진작가 얀 아르튀스-베르트랑의 『세상을 바꾸는 아이들』은 세상이 직면한 문제들을 발견하고 각자의 방법으로 문제를 해결하고 있는 10대 어린이와 청소년들을 소개한 책입니다. 2009년에 열두 살이었던 미국 소년 아이탄 그로스맨은 2007년 노벨 평화상 수상자인 앨 고어가 쓴 『어린이를 위한 불편한 진실』을 읽고 지구 온난화에 관심을 가졌다고 합니다. 그로스맨은 지구 온난화의 심각성을 전 세계에 알릴 수 있는 방법을 고민하다가 노래를 만들기로 했습니다.

　그는 인터넷 사이트에 자신의 노래를 올려 전 세계 많은 사람에게 환경 문제의 심각성을 알렸습니다. 더 나아가 자신의 노래를 듣고 새로운 영감을 받은 사람은 누구나 노래를 만들어 사이트에 올릴 수 있도록 했습니다. 누구나 환경 문제 해결을 위한 활동에 참여할 수 있게 한 것이죠.

그로스맨 외에도 책에는 기름에 오염된 바다에서 새들을 보호해야 한다는 메시지를 그림으로 그려 세상에 널리 알린 열한 살 아이, 아무 데나 버려지는 음식물 쓰레기가 환경을 오염시킨다는 것을 깨닫고 지렁이를 이용해 퇴비를 만든 인도의 고등학생을 소개하기도 했습니다.

2019년 여름 어느 날, 아들은 학교에서 이 책을 읽고 저에게 책 내용을 재잘재잘 이야기해줬습니다. 마침 그날 저녁, 길을 걷다 길가에 아무렇게나 버려진 플라스틱 쓰레기를 발견했습니다. 아들이 읽은 책 때문이었을까요? 평소와 달리 유독 쓰레기들이 눈에 잘 띄었습니다. 한여름이라 그런지 화단이나 벤치, 버스 정류장 근처 등 사람들이 머물렀던 곳에는 어김없이 테이크아웃 커피 컵이나 음료수 병이 버려져 있었습니다. 아들은 쓰레기를 보며 말했습니다.

"조금만 더 가면 쓰레기통이 있는데, 사람들은 왜 쓰레기를 아무 데나 버릴까?"

"거기까지 들고 가기가 귀찮아서 그런가?"

아들은 사람들의 행동이 이해되지 않는지 제게 되물었습니다.

"그럼 쓰레기통을 곳곳에 놓아두면 아무 데나 버리진 않지 않을까?"

"글쎄. 지금보다는 버리는 게 좀 줄어들지 않을까?"

"그럼 사람들이 쓰레기를 많이 버리는 곳을 찾아서 쓰레기통을 설치해볼까?"

아들은 쓰레기통을 만들어 길거리에 두면 어떨까 생각했습니다. 실제로 그 방법이 길에 버리는 쓰레기를 줄여줄 수 있을지 궁금했습니다. 생각을 조금 더 발전시켜보기로 했죠. 우선 아들과 함께 생각한 것들을 잊어버리지 않게 기록한 뒤, 이야기를 나누며 아이디어를 만들어갔습니다.

✔ 쓰레기통 프로젝트

"문제 발견"

· 사람들이 잠시라도 머무는 곳(버스 정류장 근처, 야외 계단, 벤치 등)에 많은 쓰레기가 아무렇게나 버려져 있다.
· 사람들은 왜 아무 곳에나 쓰레기를 버릴까?

"원인 분석"

· 쓰레기통까지 쓰레기를 들고 가기가 귀찮아서일까?
· 근처에 쓰레기통이 없어서일까?
· 공동체 의식이 부족한 탓일까?

"해결을 위한 아이디어"

· 길에 버려진 쓰레기가 가장 많은 장소를 분석해서 그곳에 이동식

쓰레기통을 설치한 후, 결과를 관찰해보면 어떨까?

"추가로 고민해볼 문제"
- 쓰레기통의 이동을 쉽게 하려면 어떻게 해야 할까?
- 쓰레기통을 어떤 모양으로 만드는 것이 좋을까?
- 우리가 만든 쓰레기통이 또 다른 쓰레기가 되지는 않을까?
- 쓰레기통이 사람들 눈에 잘 띄게 하려면 어떻게 해야 할까?
- 우리가 수거한 쓰레기들은 어떻게 처리해야 할까?
- 쓰레기를 쓰레기통에 버리는 일로 재미를 느끼게 할 수는 없을까?
- 사람들이 환경에 대한 경각심을 지속적으로 갖게 할 수는 없을까?

어느 정도 아이디어가 구체화된 것 같아 캠페인을 시작했습니다. 쓰레기통을 만들어 직접 거리로 나갔죠. 그런데 예상과는 달리 쓰레기가 잘 모이지 않는 곳도 있었고, 예상치 못한 곳에서 쓰레기 수거가 잘 되는 곳도 있었습니다. 우리는 원인을 분석해 쓰레기통을 놓는 장소도 바꿔보고, 쓰레기통 디자인도 수정해가며 캠페인을 이어갔습니다. 그렇게 한 달쯤 홍대, 강남역, 한강 시민 공원, 제주도를 오가며 캠페인을 진행했습니다. 엄청난 효과를 기대하고 시작하지는 않았지만, 사람들이 왜 쓰레기를 아무 데나 버리는지에 대한 이유는 조금이나마 알게 됐습니다.

아이들은 문제를 해결하라고 하면 자신이 문제를 해결할 수 있을지부터 생각합니다. 자신은 어른도, 전문가도 아니어서 못 할 거라 생각합니다. 실제로 문제가 해결되지 않을 것 같으면 생각조차 하지 않으려고 하는 아이들도 많고요. 그런데 문제를 해결해보게 하는 질문은 반드시 문제를 해결하라는 의미가 아닙니다. 작은 문제라도 스스로 문제를 발견하고 문제의 원인이 무엇인지 생각하고 해결 방법들을 떠올려보는 과정을 경험하게 하려는 것입니다. 그런 생각의 경험들이 쌓이면 아이가 자라 사회에 나가서도 자신에게 닥친 문제를 능동적으로 잘 해결할 수 있기 때문이죠.

스스로 문제를 발견하는 단계별 질문

문제를 해결하기에 앞서 문제가 무엇인지 찾아야 합니다. 문제를 발견하는 일은 생각보다 쉽지 않습니다. 분명히 우리에게 닥친 문제인데 잘 인지하지 못하거나, 알고는 있어도 별다른 해결 방안을 생각해보지 않는 경우도 많습니다. 그래서 비문학을 이용해 우리 사회의 문제를 찾아보고, 그 문제가 나와 어떤 관련이 있고, 어떻게 해결하면 좋을지 생각해보는 기회를 가져보는 일은 매우 중요합니다.

아이와 인권에 관한 책을 읽고, 하나의 소주제인 '놀 권리'에 대해 질문해본다고 가정하겠습니다. 다소 막연하게 느껴지는 '놀 권리'를 아이 자신에게 적용시켜보는 질문부터 하는 것이 좋습니다. 내 일이라고 생각해야 더 몰입할 수 있으니까요.

step 1 책에서 제시한 문제를 발견하고, 그 문제를 나에게 적용시켜보게 하는 질문

ㅇㅇ(이)는(혹은 아이들은) 노는 시간이 충분하니?

step 2 문제의 원인을 생각해보게 하는 질문

만약 충분하다고 생각되지 않는다면 이유는 뭘까?

step 3 다양한 방법들을 떠올리게 하는 질문

노는 시간은 많으면 많을수록 좋겠지. 그런데 무한정 놀 수는 없잖아. 그럼 어떻게 하면 ㅇㅇ(이)가(혹은 아이들이) 놀 수 있는 시간을 확보할 수 있을까?

step 4 STEP 3에서 생각한 방법들을 비판적으로 생각하며 구체화하게 하는 질문

이 방법들 중에서 ㅇㅇ(이)가(혹은 아이들이) 할 수 있는 것은 무엇일까?

step 5 우리의 문제 해결 방법이 어떤 효과를 줄 수 있는지 생각해보게 하는 질문

ㅇㅇ(이)가(혹은 아이들이) 놀이 시간을 확보하면, 생활에 어떤 변화가 생길까?

다양한 주제로 질문 만들어보기

문제를 발견하고 해결 방법을 찾는 일은 반드시 책으로만 할 수 있는 것은 아닙니다. 우리 주변을 잘 관찰하면 미처 인식하지 못했던 다양한 문제들을 발견할 수 있을 거예요. 뉴스에 나오는 세상 이야기나 인터넷 혹은 신문에서 읽은 다양한 문제들을 부모가 아이에게 들려주는 방법도 있고요. 아이가 관심을 갖는 이야기가 있다면 그 문제에 대해 깊이 있게 사고할 수 있도록 부모가 질문해주세요.

이때 마구잡이로 질문하는 것보다 그 문제와 비슷한 아이의 경험을 생각해보게 하거나 문제의 원인, 또는 문제를 해결할 수 있는 방법까지 연결지어 생각할 수 있게 질문하면 더 좋습니다.

✔ **인권(양성 평등)**

"문제를 발견하게 하는 질문"

· ○○(이)는 혹시 차별당해본 적 있어?
· 다른 아이들이 차별당하는 일을 본 적은 있어?
· 우리도 은연중에 남자와 여자를 차별하는 행동이나 말을 한 적은 없을까?
· 차별당했지만 그것이 차별이라고 느끼지 못한 것은 없을까?

"원인을 분석하게 하는 질문"

· 남자와 여자를 차별하는 사람이 있다면, 왜 그럴까?

- 남자와 여자를 차별하는 행동이 자신에게 혹은 타인에게 어떤 영향을 줄까?
- 다른 나라의 경우는 어떨까?

"문제 해결 방법을 생각하고 구체화하게 하는 질문"

- 우리가 이 문제를 해결할 수 있는 방법이 있을까?
- 학교에서 친구들과 함께 이 문제를 해결할 수 있는 방법이 있을까?
- 가정에서 할 수 있는 일은 무엇일까?
- 다른 사람들이 해결했던 예를 찾아볼까?
- ○○(이)가 어렵지 않게 해볼 수 있는 방법은 어떤 것일까?
- 이 방법을 실현하기 위해서 필요한 것은 무엇일까?

"기대 효과를 생각해보게 하는 질문"

- 이 문제를 해결하면 개인 혹은 사회에 어떤 변화가 있을까?

✔ **환경(전기 절약)**

"문제를 발견하게 하는 질문"

- 우리는 전기를 얼마나 사용하고 있을까?
- 우리가 전기를 많이 사용하면 어떻게 될까?

"원인을 분석하게 하는 질문"

- 우리 가족은 전기 절약을 실천하고 있을까?
- 아이들은 전기 절약의 필요성을 인지하고 있을까?

· 사람들은 전기를 절약해야 한다는 건 알지만, 왜 실천하지 못할까?

"문제 해결 방법을 생각하고 구체화하게 하는 질문"

· 전기 절약의 필요성을 꾸준히 인식할 수 있는 방법은 뭘까?
· 모든 사람이 꾸준히 전기 절약을 실천할 수 있는 방법이 있을까?
· 아이들도 쉽고 재미있게 전기 절약을 실천할 수 있는 아이디어는 없을까?

"기대 효과를 생각해보게 하는 질문"

· 우리 모두 꾸준히 전기를 절약하면 어떤 변화가 생길까?

✔ **사회(다수결)**

"문제를 발견하게 하는 질문"

· 학교에서 무언가를 결정할 때, 다수결이 최선의 방법일까?
· 다수결로 정한 의견이 오히려 도움이 되지 않았던 적은 없을까?

"원인을 분석하게 하는 질문"

· 왜 다수결로 정할까?

"문제 해결 방법을 생각하고 구체화하게 하는 질문"

· 아이들의 다양한 의견을 모두 수렴할 수 있는 방법은 없을까?
· 다수결 말고 좋은 의견을 가릴 수 있는 다른 방법은 없을까?
· 그 방법은 실현 가능할까?

"기대 효과를 생각해보게 하는 질문"
· 새로운 의견 수렴 방법은 학급에 어떤 변화를 가져다줄까?

ps
6장

감상하고 표현하고
숨은 생각을 키우는
예술 작품 질문법

아이들과 함께 작품을 감상할 때는 마치 한 폭의 그림 같은 풍경을 바라보듯 가만히 들여다볼 수 있게 도와주세요. 멀리서도 보고 가까이 가서도 보게 해주세요. 그림 속 인물의 표정이나 행동을 봐도 좋고, 붓자국이나 선의 느낌을 봐도 좋습니다. 조각 작품이나 건축물을 감상할 때는 크기도 모양도 색도 볼 수 있어야 합니다. 어떤 재료로 만들어졌는지도 살펴보고요. 그럼 궁금한 것들이 생길 거예요.

'왜 이 풍경을 그렸지?'
'왜 이 모양으로 만들었지?'
'왜 나는 이 작품이 마음에 들지?'

작품을 보며 생각나는 대로 작품에게, 또는 작가나 자신에게 질문할 수 있도록 해보세요. 그 질문에 대해 생각하다 보면, 작품 속에서 다양한 것들을 발견할 수 있을 것입니다.

예술 작품에 깃든 시대성을 읽게 하는 질문

252쪽 그림은 프랑스의 인상파 화가인 클로드 모네(Claude Monet)의 작품입니다. 작품 속 건물은 프랑스 노르망디 지역에 있는 고딕 성당인 '루앙 대성당'입니다. 모네는 이 성당의 모습을 30여 점 이상 그렸다고 합니다. 그의 〈루앙 대성당〉 연작들을 보고 있으면, 문득 궁금해집니다.

'왜 많은 건물 중 하필 이 성당을 그렸을까?'
'왜 같은 성당을 여러 번 그렸을까?'
'만약 작가가 성당의 모습이 아름다워서 그렸다면, 왜 성당을 자세히 묘사하지 않았을까?'

클로드 모네, 〈**루앙 대성당**〉 연작

'작가는 성당의 모습을 통해 무엇을 나타내고 싶었을까?'
'사람들에게 어떤 메시지를 전하려고 했을까?'

미술 작품을 감상하다 보면, 이런저런 질문이 떠오릅니다. 책을 읽을 때처럼요. 책을 읽다 보면 등장인물에게 하고 싶은 질문이나 저자에게 궁금한 것들이 생기기도 하니까요. 책이 문자를 읽는 것이라면, 미술 작품은 이미지를 읽는 것이라는 차이점이 있을 뿐이죠.

감상은 예술가와의 소통이다

미술 작품이야말로 수많은 질문과 답을 가능하게 하는 도구입니다. 단순히 '이 작품은 ○○이다' 혹은 '이 작품은 ○○을 표현한 것이다'라고 규정지을 수 없습니다. 작품을 해석하고 작품에 의미를 부여하는 일은 감상자의 몫이기 때문입니다. 예술가들은 오히려 감상자들의 다양한 해석을 반깁니다. 자신의 생각을 이미지로 구현하고 그것을 매개로 감상자들과 소통하기를 원하죠. 작가들은 작품으로 우리에게 이렇게 말을 걸어옵니다.

'내가 관심 있는 소재로 작품을 만들어봤는데, 어때?'
'나는 이런 것을 아름답다고 생각하는데, 네 생각은 어때?'
'너는 어떤 것에서 아름다움을 느껴?'
'이 작품은 내가 본 세상의 모습이야. 넌 이런 세상에 대해 어떻게 생각하니?'

그럼 우리는 작품을 감상하며 작가의 질문에 대해 생각해볼 수 있고, 반대로 우리가 작품에 대해 작가에게 질문할 수도 있습니다.

'작가님은 왜 그런 것들이 아름답다고 생각했나요?'
'작가님이 그린 이미지는 작가님에게 어떤 의미가 있나요?'
'작가님은 왜 그런 재료로 조각 작품을 만들었나요?'
'작가님이 살았던 세상은 어떤 모습이었나요? 작품을 통해 우리에게 어떤 시대의 모습을 보여주고 싶었나요?'

책을 매개로 저자와 독자가 소통하듯, 미술 작품의 세계에서는 작품을 통해 작가와 감상자가 자유롭게 소통할 수 있습니다. 그런데 미술 작품과 소통하며 감상하는 일은 쉽지 않습니다. 작품 하면 왠지 모를 권위가 느껴지기 때문입니다. 근사한 미술관에서 화려한 조명을 받으며 우아하게 전시되어 있는 작품 앞에 서면, '저 작품은 뭘 그린 거지?', '저 작품에서 뭘 느껴야 하지?', '아무 느낌도 들지 않는데, 내가 제대로 감상한 걸까?'라는 생각이 듭니다. 그래서 도슨트의 설명이나 오디오 가이드의 도움을 받아봅니다.

'아, 이 작품은 이런 사건을 그린 그림이구나!'
'아, 이 작품은 이런 기법을 사용해서 유명해진 거구나!'
'아, 이 작가는 작품에 이런 의미를 담았구나!'

도슨트나 오디오 가이드에서 '이 작품은 ○○○○년에 창작됐으며, 이러이러한 작가의 감정을 담은 작품입니다'라고 작품에 대해 친절히 설명해주면 감상자는 작품을 제대로 감상한 느낌이 듭니다. 그런데 그것으로 작품을 감상했다고 말할 수 없습니다. 마치 학교에서 시를 배울 때, 선생님이 시에 쓰인 한 단어에 밑줄을 쫙 그으며 '이 단어의 의미는 ○○다'라고 가르쳐주면 학생들이 그 내용을 외우는 것과 같습니다. 작품에 관한 정보는 작품을 이해하는 데 도움이 되

일리야 레핀, 〈아무도 기다리지 않았다〉

기는 하지만, 작품과 소통하거나 감상자의 관점에서 해석하는 것과는 분명 다릅니다.

위 그림은 러시아 화가인 일리야 레핀(Il'ya Efimovich Repin)의 작품입니다. 언뜻 보면 흔히 볼 수 있는 일상의 한 장면처럼 보입니다. 그런데 그림 속 인물을 한 명씩 자세히 들여다보면 그림에 담긴 시대의 이야기를 읽어낼 수 있습니다. 저는 초등학교 3학년 아이들과 이 작품을 감상하며 아이들이 그림 속 이미지들을 꼼꼼히 볼 수 있도록 질문했습니다.

"그림에서 어떤 것들이 보여? 그림 속 인물들이 지금 무엇을 하고 있지?"

아이들이 대답했습니다.

"식탁에 앉아 있던 아이들이 놀랐어요."

"한 남자가 들어왔어요. 그런데 좀 무서워요. 얼굴이 어둡고, 옷도 낡아 보여요. 도둑 같아요."

저는 다시 물었습니다.

"그래? 남자가 도둑이면 아이들이 도망가야지. 남자가 도둑이라면 왜 앞치마를 두른 여자가 문을 열어줬을까?"

아이들은 다시 그림을 자세히 관찰하며 말했습니다.

"어, 아이들이 저 수염 나고 무섭게 생긴 남자를 아는 것 같아요!"

"맞아. 오른쪽 맨 끝에 있는 남자아이는 그 남자를 보고 좋아하는 것 같아."

"혹시 남자가 아이들의 아빠 아니야?"

저는 다시 질문했습니다.

"아빠 같아? 그런데 아이들이 왜 아빠를 보고 놀라지?"

아이들은 다양한 상황을 상상했습니다.

"아빠가 공부하라고 했는데 놀고 있다가 아빠가 와서 아이들이 깜짝 놀랐나 봐요. 하하하."

"아이들이 아빠를 오래 못 보다가 오랜만에 본 것 같아요."

"맞아. 아빠가 어딘가 멀리 갔다가 왔나 봐. 아니면 죽었다고 생각했는데 살아서 돌아왔을 수도 있어요."

아이들은 그림에서 느껴지는 분위기를 조금씩 느끼기 시작했고, 인물들의 표정과 몸짓, 서로의 관계까지 생각했습니다.

이 작품은 혁명가인 아버지가 유형지에서 집으로 돌아와 가족과 만나는 모습을 그린 것입니다. 레핀이 활동할 당시 러시아는 차르의 전제 정치에 반대하는 민중 운동이 일어났고, 혁명 가담자들을 체포했습니다. 아마도 레핀이 그린 남자는 당시 잡혀갔던 사람들 중 한 명이거나 혁명가를 상징적으로 표현한 인물이 아닐까 생각됩니다. 아이들이 그림을 감상하며 느낀 긴장감이나 가족들 간의 어색함, 왠지 모를 가족 간의 경계심은 그림 속 가족들이 느낀 감정과 비슷하지 않았을까요?

이번엔 다른 화가의 작품도 한번 감상해봅시다.

프랑스의 사실주의 화가인 오노레 도미에(Honoré Daumier)의 작품들입니다. 왼쪽 작품인 〈일등 열차〉는 귀족처럼 보이는 사람들이 우

오노레 도미에, 〈일등 열차〉 〈삼등 열차〉

아하게 신문을 보거나 창 밖 풍경을 감상하는 모습을 그리고 있습니다. 사람들의 모습이 편안하고 여유로워 보입니다. 반면 오른쪽의 〈삼등 열차〉에는 노동자처럼 보이는 사람들이 빼곡히 앉아 있습니다. 젖을 먹이고 있는 엄마, 지쳐 보이는 할머니, 할머니 등에 기대 잠든 아이도 보입니다. 〈삼등 열차〉는 〈일등 열차〉의 밝고 환한 분위기와는 대조적으로 어둡고 침울해 보입니다. 도미에는 왜 상반된 두 열차의 모습을 그렸을까요? 그는 두 장소에서 무엇을 봤을까요? 그리고 이 작품들로 무슨 이야기를 하고 싶었을까요?

작가가 활동한 19세기 프랑스는 급격한 산업화가 진행됐습니다. 자본가를 비롯한 부르주아 계층은 노동자를 착취해 부자가 됐습니다. 그 결과 빈부 격차가 심해졌죠. 노동자들은 아무리 열심히 일해도 부자가 될 수 없었습니다. 도미에는 이런 현실을 그림에 고스란히 담아 당시 불평등한 사회를 비판하지 않았나 생각됩니다.

회화 작품뿐만 아니라 역사적으로 의미 있는 건축물 또한 질문을 만들기에 매우 좋은 소재입니다. 시대의 관념이나 사상을 담고 있기 때문이죠.

오른쪽의 건축물은 이탈리아 로마에 있는 원형 경기장인 콜로세움입니다. 1세기가 채 되기도 전에 지어졌다는 사실이 믿기지 않을 만큼, 엄청난 크기와 건축 기술을 자랑합니다. 이탈리아의 5센트 동전에도 새겨져 있을 만큼 역사적으로 의미 있는 건축물이죠. 단순히 대단하다는 감상이나 가보고 싶다는 생각을 떠올리는 것도 좋지

콜로세움

만, 콜로세움을 보며 이렇게 질문해보면 어떨까요?

"왜 이렇게 큰 경기장을 지었을까?"

"짓는 데 얼마나 많은 시간이 걸렸을까?"

"얼마나 많은 사람이 동원됐을까?"

"얼마나 많은 돈이 들었을까?"

"그 돈은 어디서 났을까?"

"이 경기장에서 열린 검투사들의 잔혹한 경기가 왜 사람들에게 인기 였을까?"

"당시 검투사는 어떤 직업이었을까?"

"이 건축물은 무엇을 상징했을까?"

이런 질문들에 대해 생각하다 보면, 당시 로마라는 대제국의 모습이 어떠했을지 짐작할 수 있을 것입니다. 아이들은 이렇게 거대한 건축물을 지은 로마의 영토가 얼마나 넓었을지, 인구는 얼마나 많았을지, 왕은 어떤 모습이었을지 등에 대해 생각해보며 머릿속으로 로마 사회의 모습을 그려볼 수 있을 것입니다.

『행복한 왕자』를 쓴 아일랜드의 소설가 오스카 와일드는 예술에 대해 이렇게 말했습니다.

예술은 삶을 모방하지 않는다. 예술은 그보다 훨씬 강력하다. 예술은 우리 모두가 내면에 숨기고 있는 비밀을 드러냄으로써 삶을 되찾아준다.

오스카 와일드의 말처럼 예술은 우리가 보지 못했던 세상 깊은 곳의 모습, 가려져 있던 진실까지도 보여줍니다. 다양한 미술 작품을 감상하며 우리 아이에게 좋은 질문을 해주세요. 아이는 세상을 보다 넓고 깊게 볼 수 있게 될 것입니다.

감상 질문1. 그림 속 인물과 상황에 대해 질문하기

아이가 화집을 보거나 미술관에서 그림을 볼 때, 그림을 잘 감상할 수 있도록 충분한 시간을 주세요. 아이가 그림을 그냥 멍하게 봐도 좋고, 구석구석 자세히 들여다봐도 좋습니다. 너무 어려운 그림보다 자기에게 익숙한 화가의 작품이나 마음에 드는 작품부터 감상하면 됩니다.

"어떤 사람은 크고, 어떤 사람은 아주 작아."
"이상한 글자가 그려져 있어."

만약 화집에서 이집트 벽화 그림을 보고 아이가 질문한다면 엄마도 그림에서 본 것들을 아이에게 말해주세요.

"엄마는 사람들이 농사짓는 모습이 보이네."
"여기 고기잡이 하는 배도 있어."

같은 그림을 보며, 서로 자신이 본 것을 번갈아 말하면 그림을 감상하는 재미가 더해집니다. 그림의 전체적인 모습을 봤다면, 그림의 자세한 부분도 관찰해보세요. 아이가 이미지 하나하나의 형태, 크기, 색, 또는 인물의 표정, 옷차림, 포즈 등을 볼 수 있게 부모가 질문해주면 더 좋습니다.

"그림에서 어떤 것들이 보여?"

"이 그림은 어떤 느낌이 들어?"
"그림 속 사람들이 지금 무엇을 하고 있지?"
"그 사람들이 어떤 공간에 있는 것 같아?"
"이 사람은 뭘 하고 있지?"
"어떤 표정이지?"
"이 사람은 표정으로 볼 때 지금 어떤 감정일까?"
"옷차림으로 볼 때 이 인물은 어떤 일을 하는 사람일까?"
"이 사람이 있는 곳은 어디일까?"

그림의 작은 이미지 하나에도 작가의 생각과 의도가 담겨 있습니다. 아이는 질문이 가리키는 이미지를 관찰하며, 작가가 그림에 담아둔 정보들을 찾을 것입니다. 만약 그림에 여러 인물이 등장한다면 각각의 인물을 탐색한 후 그 인물들의 관계를 생각해봐도 좋습니다. 인물들의 시선과 입 모양, 손이 가리키는 방향 등으로 시선을 옮기며, 그림 속 상황을 상상하게 해주세요. 질문은 구체적일수록 좋습니다.

"이 사람들은 어떤 관계일까?"
"이 사람들은 어떤 대화를 나누고 있을까?"
"작품 속 사람들이 무엇을 하고 있을까?"
"무슨 일이 일어났을까?"

"왜 그런 일이 일어났을까?"

작가와 관련된 질문도 한번 해보세요.

"작가는 왜 이 장면(혹은 사물)을 그렸을까?"
"작가는 이 그림을 그릴 때 어떤 감정이었을까?"
"작가는 이 그림으로 우리에게 어떤 이야기를 하고 싶었을까?"

아이가 그림에서 해석한 정보들을 토대로 그림 속 시대의 모습을 상상해볼 수 있게 도와주세요. 그러고 나서 작가나 작품에 대한 정보를 찾아보게 하거나 같은 시대에 활동한 다른 작가의 작품들과 비교해보는 것도 좋습니다.

감상 질문2. 건축물로 질문하기

역사 교과서나 다양한 건축물 사진이 담긴 책을 활용해 질문을 만들 수도 있습니다. 세계적으로 유명한 건축물을 함께 살펴보며 질문을 만들어보세요. 예를 들어 파르테논 신전(그리스), 노트르담 대성당(프랑스), 성 바실리 대성당(러시아), 피렌체 대성당(이탈리아), 쾰른 성당(독일), 사그라다 파밀리아(스페인), 불국사(대한민국), 브리

하디스와라 사원(인도), 쉐다곤 파고다(미얀마), 성 베드로 대성당(바티칸), 파로 탁상(부탄), 나시르 알 물크 모스크(이란), 앙코르 와트(캄보디아), 보로부두르 사원(인도네시아) 같은 곳의 사진은 인터넷으로 검색만 해봐도 다양하게 살펴볼 수 있습니다.

"이 건축물은 무엇을 하는 곳일까?"
"왜 건축물을 이곳에 지었을까?"
"왜 이렇게 (크게, 높게, 화려하게) 지었을까?"
"이 건축물을 짓는 데 얼마나 많은 사람이 동원되었을까?"
"이곳은 어떤 사람들이 주로 찾았을까?"
"예전에도 이 건축물과 같은 역할을 하는 건축물이 있었을까?"
"건축물에 새겨진 조각들은 어떤 의미를 담고 있을까?"
"알록달록 색유리로 장식한 성당의 유리창은 무엇을 표현했을까?"
"현대인에게 이곳은 어떤 의미가 있을까?"

또 한 국가의 지도자와 관련된 대표적 건축물을 찾아보고 함께 질문을 찾아봐도 좋습니다. 대표적으로 덕수궁, 창덕궁, 경복궁(대한민국), 자금성(중국), 아그라 성(인도), 베르사유 궁전(프랑스), 버킹엄 궁전(영국), 하이델베르크 성(독일), 겨울 궁전(러시아), 알람브라 궁전(스페인), 바티칸 궁전(바티칸 시국)을 들 수 있습니다.

"이 궁전은 어떤 지역에 지었을까?"

"왜 그 지역에 지었을까?"

"이 궁전은 어떤 목적으로 지었을까?"

"이 궁전의 크기는 얼마나 될까?"

"궁전을 짓는 데 얼마나 많은 시간이 걸렸을까?"

"궁전을 짓는 데 든 돈은 어디서 마련했을까?"

"궁전을 왜 이렇게 크고 화려하게 지었을까?"

"백성들은 이 궁전을 보고 어떤 생각을 했을까?"

"왕이 머물던 곳에 어떤 그림이 있는지 볼까?"

"그 그림에는 어떤 의미가 있을까?"

"왕이 머문 곳은 어떤 색을 썼을까?"

"주변 나라의 궁전과 어떤 점이 다를까?"

"주변 나라의 궁전과 어떤 점이 비슷할까?"

"왜 그럴까?"

　이전 시대의 건축물들과 현재의 건축물들을 비교해봐도 좋습니다. 건축물의 모양이 어떻게 변했는지, 왜 그렇게 변하게 됐는지, 각각의 건축물이 주는 느낌은 어떻게 다른지 등을 질문으로 만들어 아이와 이야기를 나눠보세요.

작가의 숨은 생각을 새롭게 표현하는 질문

 미술가들도 독후 감상화를 그린다는 사실을 알고 있나요? 우리가 한번쯤 봤던 명화 중에는 그리스 로마 신화나 셰익스피어 등 고전 문학의 작품을 모티브로 해서 그린 작품이 많습니다.

 오른쪽의 그림들은 모두 아프로디테의 탄생 장면을 그린 작품들입니다. 아프로디테(Aphrodite)는 그리스 신화에 나오는 사랑과 아름다움의 여신으로, 영어로는 비너스(Venus)라고도 불립니다. 세 작품은 같은 이야기를 모티브로 그렸지만, 모두 다르게 표현했습니다. 아프로디테의 얼굴, 머리 색, 움직임, 배경, 어느 하나도 같지 않습니다.

 "이 이야기에서 아프로디테는 어떤 표정을 지었을까?"

1. 산드로 보티첼리, 〈비너스의 탄생〉
2. 알렉상드르 카바넬, 〈비너스의 탄생〉
3. 윌리앙 아돌프 부그로, 〈비너스의 탄생〉

"아프로디테는 어떤 머리색이 어울릴까?"

"아프로디테의 아름다움을 나타내려면 어떤 포즈가 좋을까?"

　화가들은 자신만의 시선으로 이야기 속 인물을 해석하고, 자신이 상상한 인물에 가장 가깝게 표현하려고 노력합니다. 스스로에게 질문하고 답하며 생각을 구체화시키면서, 자신이 그리고자 하는 이미지의 세심한 부분까지 표현합니다.

　아이들은 그림을 그릴 때, 종종 이런 질문을 합니다.

"산타 할아버지는 어떻게 생겼어요?"
"제우스는 어떻게 생겼어요?"

그러면 저는 이렇게 답합니다.

"나도 본 적이 없어서 잘 모르겠어. 그냥 우리가 상상하면 되지 않을까? 산타 할아버지처럼 매년 아이들에게 선물을 주시는 분은 어떤 모습일까? 키가 클까? 그림책에 그려진 것처럼 수염이 길고 풍성할까? 아닐 수도 있지 않을까?"

아이들은 자신이 본 적 없는 것을 표현할 때면 늘 망설입니다. 정답이 없는데도 말이죠. 이런 때는 다양한 예술 작품을 감상하게 해 주세요. 아이들은 여러 작품에서 다양하게 표현된 것들을 보면서 '아, 이렇게도 표현할 수 있구나!', '그럼 나는 어떻게 표현해볼까?'라고 생각하게 됩니다. 그러면 아이는 표현하고 싶었지만 어떻게 표현해야 할지 몰랐던, 머릿속에서 안개처럼 흐렸던 이미지를 조금씩 구체적으로 떠올릴 거예요.

우리는 말이나 글로 눈에 보이지 않는 소리나 감정도 표현할 수 있습니다. 하루 종일 비가 와서 기분이 별로 좋지 않다거나 햇살이 집 안으로 비춰서 설레는 마음을 자신에게 혹은 상대방에게 표현할 수 있죠. 그런데 자신이 느낀 그 감정을 다른 사람에게 사진으로 찍

뭉크, 〈절규〉

어 보여줄 수도, 소리로 들려줄 수도 없었던 옛날에는 화가들이 어떤 방법으로 표현했을까요?

위 그림은 노르웨이의 화가인 에드바르 뭉크(Edvard Munch)의 대표적인 작품 〈절규〉입니다. 그림 속 인물이 지르는 소리의 파장이 느껴지는 듯한 붓 자국, 석양의 강렬한 색, 입체감 없는 창백한 사람이 눈을 크게 뜨고 소리 지르는 모습은 한번 보면 잊어버릴 수 없을

칸딘스키, 〈구성 VIII〉

만큼 강한 인상을 줍니다. 작품의 검푸른 색은 그림 속 인물의 모습과 더해져 불안함과 공포스러움이 느껴집니다.

또 화가들은 감정을 이미지로 표현할 수도 있을 뿐 아니라, 소리도 표현할 수 있습니다.

위 그림은 현대 추상 회화의 선구자인 러시아 화가 바실리 칸딘스키(Vasilii Kandinskii)의 그림입니다. 점, 선, 면 등 기하학적 이미지가 알록달록한 색과 어우러져 자유롭게 표현돼 있습니다. 커다란 원에서는 묵직한 북소리가, 얇은 곡선에서는 높은 음의 바이올린 소리가 들리는 듯합니다. 그의 그림 속 다양한 모양들은 각자의 소리를 내며 화음을 만들고, 그 소리에 맞춰 춤을 추는 것처럼 보입니다. 칸딘스키는 그림을 그리는 데 사용되는 형태나 색은 단순히 사물의 겉모습을 표현하기 위해 사용하는 것이 아니라, 작가의 감정을 표현하는 도구라고 생각했습니다. 그는 자신의 생각을 이렇게 말했죠.

> 색채는 건반이고, 눈은 화음이다. 영혼은 현이 있는 피아노. 예술가는 피아노를 연주하는 손이다. 그들은 건반을 눌러 영혼의 울림을 만들어낸다.

그는 음악이 소리를 통해 우리에게 감동을 주듯이, 화가는 색과 추상적 이미지를 이용해 감정을 표현할 수 있고, 감상자에게 그 감정을 고스란히 전달할 수 있다고 생각했습니다.

미술 작품을 감상할 때도, 책을 읽을 때도, 사람마다 느끼는 감정은 모두 다릅니다. 그런데 이상하게도 아이들이 그린 그림이나 쓴 글을 보면, 비슷비슷한 표현이 많습니다. 슬픈 사람은 늘 눈물을 흘리는 모습으로, 기쁜 사람은 활짝 웃는 모습으로 표현하는 식이에요. 아이들은 슬픔과 기쁨보다 더 풍부한 감정을 느끼지만, 자신이 느끼는 감정을 어떻게 표현해야 할지 잘 모르기 때문에, 표현하기 쉽고 익숙한 이미지들로 표현하죠.

미술 작품을 통한 질문은 아이에게 자신의 생각과 감정을 표현할 수 있는 다양한 방법들을 알려줍니다. 뭉크처럼 거친 붓 자국으로도, 마티스와 칸딘스키처럼 과감한 색이나 도형으로도 표현할 수 있다는 것을 알면 아이도 다양한 표현들을 시도할 수 있을 테니까요.

"그림 일기에 내가 오늘 느꼈던 감정을 도형으로 그려도 되겠네!"
"동생 때문에 화난 마음을 뭉크처럼 색으로 표현해도 되겠네!"

당장 아이의 그림에 변화가 생길 수도 있겠죠.

"내 친구가 내 마음을, 검정 붓으로 거칠게 칠해버렸어."
"내 감정은 지금 빨간색이야."

그림뿐만 아니라 아이의 언어에도 변화가 생기고, 언어의 변화는 아이의 글에도 영향을 줄 것입니다. 표현의 한계가 없는 예술 작품을 접하며, 아이의 표현의 폭도 훨씬 넓어질 것입니다.

표현 질문1. 작가의 생각과 감정 읽기

아이가 자신의 생각을 자유롭게 표현할 수 있게 도와주려면 미술 작품과 관련해서 어떻게 질문해야 할까요? 우선 아이가 좋아하는 작품 하나를 골라 작가의 관점으로 작품을 보게 질문해보세요. 그리고 작가가 자신의 느낌(혹은 감정)이나 메시지를 전하기 위해 사용한 방법들을 찾아볼 수 있게 질문하면 됩니다.

☆풍경 그림
· 작가는 자신이 본 풍경에서 어떤 감정을 느꼈을까?
· 저 풍경의 어떤 부분이 인상 깊었을까?
· 이 그림으로 사람들에게 무엇을 전하고 싶었을까?
· 작가는 어떤 방법으로 자신의 생각을 표현했을까?

☆사물 그림
· 작가는 왜 이 사물을 그렸을까?
· 이 사물에서 무엇을 느꼈을까? 외로움? 따뜻함?
· 사물에서 느낀 것을 어떤 방법으로 표현했을까?
· 왜 이런 색들을 사용했을까? 이 색으로 어떤 느낌을 표현하려고 했을까?

☆인물 그림
· 왜 저 인물을 그렸을까?
· 저 인물에게서 무엇을 느꼈을까?
· 저 인물에게서 느낀 감정을 어떤 방법으로 표현했을까?

표현 질문2. 신화를 상상하고 표현하는 연습

그리스 신화는 많은 아이가 좋아하는 이야기입니다. 권력을 가진 신들의 왕 제우스, 지혜로운 여신 헤라, 아름다움의 여신 아프로디테, 바다를 장악한 포세이돈 등 신화 속의 신들은 저마다 뚜렷한 특징이 있습니다. 신화는 이처럼 다양한 신들의 모습을 상상해보는 재미를 줍니다. 예술가들도 신들의 모습을 상상하는 일이 재미있었나 봅니다. 수많은 미술가가 신화 이야기를 소재로 그림을 그렸으니까요.

미술가들은 모든 상상력과 표현 방법을 동원해서 제우스를 신들의 왕답게, 아프로디테를 가장 아름답게 보이도록 표현했을 것입니다. 아이가 신화를 소재로 그린 작품을 감상하며, 그림에 표현된 다양한 표현 방법들을 살펴볼 수 있게 도와주세요. 아이의 표현력이 보다 풍성해질 것입니다.

아이들에게 인기 있는 그리스 신화 이야기 중 여러 작가들의 작품을 골라 질문을 만들어봤습니다.

✔ 판도라의 상자

존 윌리엄 워터하우스, 〈판도라〉 | 니콜라스 레니에, 〈판도라〉 | 단테이 게이브리얼 로세티, 〈판도라〉

· 호기심이 가득한 판도라를 작가들은 어떤 모습으로 표현했을까?
· 상자를 열어보려고 하는 순간, 판도라의 긴장감을 어떤 자세와 표

정으로 표현했을까?

· 어느 작품의 판도라가 가장 호기심이 많아 보여? 왜 그렇게 생각해?

· 신들이 가장 완벽하게 만든 여성인 판도라의 모습을, 어느 작품이 가장 잘 표현한 것 같아? 왜 그렇게 생각해?

· 네가 판도라를 그린다면, 어떤 모습으로 그리고 싶어?

✔ **이카로스의 추락**

앙리 마티스, 〈이카로스〉 | 마르크 샤갈, 〈이카로스의 추락〉 | 대 피터르 브뤼헐, 〈이카로스의 추락이 있는 풍경〉 | 허버트 제임스 드레이퍼, 〈이카로스를 위한 애도〉 | 페테르 파울 루벤스, 〈이카로스의 추락〉

· 각각의 작품은 이카로스가 떨어지는 장면을 어떻게 표현했을까?

· 각각의 작품에서 표현한 이카로스의 추락은 어떤 점이 비슷하고 어떤 점이 다를까?

· 어떤 작품이 이카로스의 추락을 잘 표현한 것 같아? 왜 그렇게 생각해?

· 이카로스 이야기를 그림으로 그린다면, 어떤 장면을 그리고 싶어?

✔ **세이렌**

존 윌리엄 워터하우스, 〈세이렌〉, 〈오디세우스와 세이렌〉 | 구스타프 클림트, 〈세이렌〉 | 귀스타브 모로, 〈세이렌〉 | 허버트

제임스 드레이퍼, 〈오디세우스와 세이렌〉

· 넋을 잃게 할 정도로 아름다운 노래를 부르는 세이렌을 어떤 모습으로 표현했을까?
· 그림 속 세이렌은 어떤 표정을 짓고 있을까?
· 오디세우스가 세이렌을 만나는 극적인 장면을 작가들은 어떻게 표현했을까?
· 작가는 세이렌과 마주친 사람들을 어떤 표정과 몸짓으로 그렸을까?
· 작가들이 표현한 세이렌 중에 어떤 세이렌이 가장 마음에 들어? 왜 그렇게 생각해?
· 세이렌 이야기를 가장 잘 표현한 작품은 뭘까? 왜 그렇게 생각해?
· 네가 생각하는 세이렌은 어떤 모습이야?

이 외에도 아이가 좋아하는 이야기가 있다면, 작품을 보며 작품 속 인물의 자세, 표정, 색 등 다양한 표현 방법에 대해 질문해보세요. 그리고 아이와 서로 자신의 생각을 나눠보세요.

표현 질문3. 추상 작품을 자유롭게 해석하기

추상 작품은 아이들이 보기에 어렵다고 생각되세요? 이해하기 어려운 작품도 있지만, 풍경화나 인물화보다 오히려 흥미 있게 볼 수 있는 작품도 많습니다. 자유로운 해석이 가능하기 때문에 아이들이 재미있게 감상할 수도 있고요.

✪바실리 칸딘스키
〈파랑을 향하여〉

〈푸른 하늘〉

〈마음 속의 축제〉

〈노랑 빨강 파랑〉

✪호안 미로
〈어릿광대의 사육제〉

〈깊은 밤〉

〈카탈루냐의 풍경〉

〈새들과 곤충들〉

〈춤추는 새와 사람들〉

✪파울 클레
〈지저귀는 기계〉

〈파르나소스 산으로〉

〈성과 태양〉

〈밤의 회색으로부터 나오자마자〉

자신의 생각을 자유롭게 표현한 추상 작품들을 감상하며 아이에게 질문해보세요.

"이 작품에 쓰인 색을 보면, 어떤 느낌이 들어?"
"이 작품에 쓰인 색들은 서로 친할까, 친하지 않을까?"
"이 작품에 나 있는 붓 자국에서 어떤 느낌이 느껴져?"
"이 작품에 그려진 선들에서는 어떤 감정이 느껴져?"
"이 그림에 그려진 이미지들은 뭘 하고 있는 것 같아?"
"이 그림의 이미지들이 살아 있다면, 어떤 이야기를 하고 있을까?"
"이 작품에서 어떤 소리가 들리는 것 같아?"

표현 질문4. 보이지 않는 것을 느끼고 설명하기

다양한 예술가들의 작품을 통해 우리는 감정, 소리, 촉감, 냄새 등 눈에 보이지 않는 것들도 표현할 수 있다는 사실을 알게 됐습니다. 아이들도 보이지는 않지만 자신이 느낀 것들을 마음껏 표현할 수 있게 질문해보세요.

"바람을 만지면 어떤 느낌이 들까?"
"그 느낌을 어떻게 표현할 수 있을까?"

"그 느낌은 어떤 모양(또는 색) 일까?"

"사랑하는 마음도 그릴 수 있을까?"

"사랑하는 마음을 하트 말고 어떤 다른 모양으로 표현할 수 있을까?"

"우정은 어떤 색들이 어우러져 있을까?"

"우정은 어떤 모양들로 표현할 수 있을까?"

"지금 나의 감정을 색으로 표현한다면 어떤 색일까?"

"기쁨과 슬픔을 사람의 모습으로 그린다면, 어떤 자세가 어울릴까?"

"행복하다는 것은 어떤 촉감일까?"

"행복한 느낌을 사물로 표현한다면, 어떤 사물이 어울릴까?"

표현 질문5. 자화상에서 인물을 읽어내기

자화상(self-portrait)이라는 영어 단어의 어원은 라틴어의 '발견하다(portrait)'입니다. 즉, 자화상은 '자기 자신을 발견하다', '자기 자신을 발견하는 그림'이란 의미입니다. 자화상은 그저 자기의 외적인 모습을 그대로 옮긴 것이 아니라, 보이지 않는 자기 자신의 모습까지 담은 그림인 것이죠. 작가들이 그린 자화상을 자세히 관찰해보세요. 인물의 눈빛, 시선의 방향, 피부색, 미세한 몸동작까지요.

'아, 이 자화상을 그린 작가는 당당해 보이는 동작으로 자신을 표현한

것을 보니, 자신의 훌륭함을 드러내고 싶었구나.'
'아, 이 자화상의 눈과 입모양을 보니, 작가가 장난스런 성격을 가졌구나.'
'아, 이 자화상의 표정을 보니, 작가가 매우 힘든 삶을 살았던 것 같아.'

한 자화상에서 작가의 여러 면을 발견할 수 있을 거예요. 아이가 자화상에 담긴 정보들을 읽어낼 수 있게 질문해보세요.

"이 작가는 왜 자신의 얼굴을 그리고 싶었을까? 자신의 어떤 면을 드러내고 싶었을까?"
"이 인물의 자세로 보아, 작가는 자신이 어떻게 보이길 원했을까?"
"이 인물의 눈빛에서 어떤 감정이 느껴져?"
"이 인물의 표정으로 보아, 작가의 성격이 어떨 것 같아?"
"이 인물이 말을 한다면, 자신을 어떻게 소개할 것 같아?"

자화상을 관찰하게 하는 질문은 아이에게 단순히 그림에 담긴 작가의 특징들을 발견하는 것을 넘어, 아이가 자신을 표현할 때도 많은 도움을 줄 것입니다.

추천 작품
- 알브레히트 뒤러, 〈자화상〉
- 윤두서, 〈자화상〉
- 천경자, 〈자화상〉
- 렘브란트 판 레인, 〈자화상〉
- 마르크 샤갈, 〈자화상〉
- 파블로 피카소, 〈자화상〉
- 프리다 칼로, 〈자화상〉
- 데이비드 호크니, 〈찰리와 함께한 자화상〉

> 자신도 몰랐던
> 예술성을 키우는 질문

　예술가는 보통 사람들에게는 없는 특별한 눈을 가졌을까요? 예술가들은 어떻게 똑같은 사물을 보고도 보통 사람들과 다르게 표현할 수 있을까요? 보통 사람들은 왜 그들처럼 볼 수 없을까요?

　20세기 대표 화가인 파블로 피카소는 특별한 눈을 가진 예술가입니다. 그는 자전거의 안장과 손잡이로 〈황소 머리〉라는 작품을 만들었습니다. 작품만 보면 '그게 무슨 예술이야?', '그 정도는 나도 만들 수 있겠는데?'라고 생각할 수 있을 겁니다. 하지만 피카소의 작품이 의미 있는 이유는 사물을 다르게 봤다는 것입니다. 피카소는 '자전거 안장'과 '자전거 손잡이'가 가진 기존의 의미를 없애고, '황소 머리'라는 새로운 의미를 탄생시켰죠.

피카소의 대표작 〈우는 여인〉에서도 피카소의 특별한 시각을 엿볼 수 있습니다. 피카소는 우리 인간은 자신이 살고 있는 3차원의 세계를 볼 수 없다는 사실을 깨달았습니다. 우리 눈에 보이는 사물은 그 사물의 일부분입니다. 우리는 컵의 앞면과 뒷면을 동시에 볼 수 없습니다. 사물의 앞과 뒤, 위와 아래, 양 옆의 모양을 토대로 사물의 3차원 입체 형태를 짐작할 뿐이죠. 피카소는 인간의 시선에서 볼 수 없는 3차원의 세계를 그림에 나타내려고 했습니다. 그래서 〈우는 여인〉에서 여인의 앞모습과 뒷모습을 동시에 볼 수 있게 그린 것입니다. 그가 사물을 바라보는 새로운 시각은 당시 큰 충격을 주었습니다. 지금까지도 그의 시각과 사고방식은 여러 분야에 영향을 주고 있죠.

사람들은 눈에 보이는 것을 통해 정보를 얻습니다. 우리가 유아였을 때 누군가가 컵으로 물을 마시는 모습을 보고 컵은 무언가를 마실 때 쓰는 것이라는 것을 배우고, 사람들이 의자에 앉은 모습을 보고 의자는 사람들이 앉기 위한 것이라고 배우는 것처럼요. 그런데 예술가들은 사물을 있는 그대로 보지 않습니다. 사물을 관찰함과 동시에 의심합니다.

'내가 보고 있는 것이 사물의 전부일까?'

'내가 볼 수 없는 사물의 뒷면이나 속에는 다른 무언가가 있지 않을까?'

'내가 저 사물에서 미처 발견하지 못한 것이 있다면, 그건 무엇일까?'
'다른 사람도 내가 보는 것과 같은 걸 볼까?'

예술가들은 사물을 머릿속에서 분해해보기도 하고, 분해한 것들을 재조립해 다른 형태로 만들기도 합니다. 그리고 보이는 것에 계속 질문을 던집니다. 질문으로 시각이 바뀌고, 시각이 바뀌니 사물이 다르게 보입니다. 다르게 볼 수 있다는 것은 고정관념과 편견에서 벗어나 주체적으로 사물에 의미를 부여하게 합니다. 다른 시각은 다른 생각을 만듭니다. 다르게 생각하면 새로운 생각이 만들어집니다. 바로 창의성이 발현되는 순간이죠.

어린아이들은 사물을 다르게 볼 수 있는 능력이 매우 뛰어납니다. 아이들은 전혀 연관성이 없는 물건들로 장난감을 만들기도 하고, 폐품을 자르고 붙여 하루 종일 무언가를 만들기도 합니다. 저도 어렸을 때를 생각해보면, 빨간 벽돌을 쌓고 놀이터의 모래와 풀, 돌멩이들을 가져다 뭔가를 만들고 의미를 부여하며 놀았던 기억이 납니다. 우리는 이미 예술가의 눈을 가지고 있었습니다. 그런데 안타깝게도 한창 창의적인 사고가 발달하는 시기에 지식 습득에 몰두하다 보니, 예술가처럼 볼 수 있는 능력이 점점 사라져가는 듯합니다.

모든 어린이는 예술가다. 문제는 어떻게 하면 이들이 커서도 예술가로 남을 수 있게 하느냐다.

피카소의 말처럼 우리가 가지고 있던 예술가로서의 창의적인 시각을 유지하기는 쉽지 않은 것 같습니다. 지금부터라도 아이들이 예술 작품을 통해 꾸준히 질문하고 생각하는 기회를 가진다면, 잠자고 있던 예술가의 눈이 번쩍 뜨일 것입니다.

네덜란드 화가 빈센트 반 고흐는 가난했습니다. 그의 동생 테오는 고흐가 그림을 그릴 수 있게 재정적인 도움을 줬죠. 고마움의 표시였을까요? 고흐는 자신의 일상, 생각, 그림 진행 과정 등을 적은 편지를 죽기 전까지 테오에게 꾸준히 보냈다고 합니다. 그의 편지를 보면 그의 시선을 잘 알 수 있습니다.

> 모래 섞인 땅바닥 위로 나무뿌리들이 드러나 보이는 광경이다. 나는 이 그림을 그리면서, 인물에 부여했던 것과 같은 감정을 풍경에 불어넣기 위해 노력했다. 힘없고 연약한 여인의 초상화에서처럼 온 힘을 다해 열정적으로 대지에 달라붙어 있지만, 폭풍으로 반쯤 뽑혀 나온 이 시커멓고 울퉁불퉁하고 옹이투성이의 뿌리들 속에, 살아가기 위한 발버둥을 담아내고 싶었다. 자연에 대해 이론적으로 설명하기보다는 눈에 보이는 대로 충실하게 다루려 노력하다 보면, 여인 속에도, 뿌리 속에도 위대한 몸부림이 저절로 드러날 수 있을 거라 생각했다. 적어도 내 눈에는, 이 그림들 속에 어떤 감정이 들어 있는 것 같구나.
>
> _빈센트 반 고흐, 『영혼의 편지』(위즈덤하우스)

고흐는 공원이나 가로숫길에서 흔히 볼 수 있는 나무뿌리에서, 우리가 보지 못하는 무언가를 발견합니다. 바로 삶의 의지죠. 땅 위로 튀어나온 나무뿌리에서 고달픈 삶이지만 살고자 하는 나무의 의지를 발견하다니, 정말 대단합니다. 우리도 고흐의 말처럼 눈에 보이는 대로 충실하게 다루려 노력하다 보면 고흐처럼 특별한 눈을 가질 수 있을까요?

우리 아이들도 예술가의 눈을 가졌으면 좋겠습니다. 예술 작품을 통한 좋은 질문으로 우리 아이도 작은 것에서 가치를 발견하고 삶을 소중히 생각할 수 있는 눈을 갖게 해주세요. 아이의 삶이 한층 행복해질 것입니다.

반전 질문1. 사물을 다르게 보기

사물을 다르게 보게 하는 질문은 우리가 어떤 사물에 대해 알고 있는 기존 정보들을 달리 생각하게 합니다. 예를 들어, 유리로 만든 물컵이 있다고 해봅시다. 우선 아이에게 이 컵을 관찰하게 하는 질문을 합니다.

"이 컵은 어떤 모양일까?"
"이 컵은 어떤 색이야?"

"이 컵의 크기는 어느 정도지?"

"이 컵은 뭘로 만들었을까?"

"이 컵의 용도는 뭘까?"

이 질문들엔 당연히 답이 있겠죠? 앞에 있는 컵을 보며 한 질문이니까요. 그럼 이번에는 컵의 크기, 형태, 재질, 위치 등 기존의 정보들을 모두 뒤집는 질문을 만들어보세요.

"컵이 빌딩만큼 크다면?"

"컵이 돌멩이처럼 작다면?"

"컵을 털실로 짜서 만들었다면?"

"휴지로 만든 컵이라면?"

"컵이 반으로 잘려 있다면?"

"컵의 손잡이가 컵 아래에 있다면?"

"컵이 살아 있는 나무처럼 계속 자란다면?"

"컵의 위쪽 구멍이 막혀 있다면?"

"컵이 종이처럼 납작하다면?"

다소 엉뚱한 질문이지만, 아이가 사물을 다르게 보는 데 도움이 될 것입니다.

반전 질문2. 보이지 않는 것을 발견하기

앞에서 이야기한 고흐의 말처럼 작품을 충실히 보면 우리가 볼 수 없었던 것을 보게 되고, 느끼지 못했던 감정을 느껴볼 수 있습니다. 아이와 함께 마음에 드는 작품을 골라, 그림 속 이미지를 충실히 보게 질문해보세요. 마치 아이가 그림 속에 들어가 있는 것처럼 느낄 수 있게요.

예를 들어볼까요? 고흐의 〈씨 뿌리는 사람〉을 아이와 함께 감상해보세요. 그리고 아이가 작가의 시선으로 이 그림을 볼 수 있게 질

빈센트 반 고흐, 〈씨 뿌리는 사람〉

문해보세요.

"고흐는 왜 이 장면을 그렸을까?"
"이 그림에 무엇을 담고 싶었을까?"
"고흐는 이 그림을 그릴 때 어떤 생각을 했을까?"
"고흐는 자신이 본 씨 뿌리는 사람에게서 어떤 느낌을 받았을까?"
"고흐는 사람들이 자신의 그림에서 무엇을 느끼기를 원했을까?"

이 질문들은 아이가 그림 속 이미지들을 더 생생하게 느낄 수 있게 해주고, 고흐가 되어 실제 그림 속 풍경을 보고 있다는 상상을 하게 합니다. 아이가 그림 속 인물이라고 상상하며 질문에 답하도록 하는 것도 좋습니다.

"만약 네가 저 그림 속 씨 뿌리는 사람이라면 어떤 기분이 들까?"
"씨 뿌리는 사람이 걸어갈 때, 어떤 소리가 났을까?"
"왼쪽에 보이는 검정 새는 어떤 새일까?"
"날씨는 어땠을까?"
"이 그림은 하루의 언제쯤 모습일까?"

씨 뿌리는 사람의 시선으로 그림을 보면, 그냥 그림을 볼 때는 느낄 수 없었던 것들을 느낄 수 있습니다. 햇볕의 온기, 씨 뿌리는 사람이 씨를 한 움큼 집는 소리, 씨가 밭에 떨어지는 소리까지도 상상할 수 있게 됩니다.

아이가 관점을 바꿔가며 그림 감상하기를 재미있어한다면, 간단한 글로 감상한 내용을 써보게 해도 좋습니다. 저도 아이들과 고흐의 〈씨 뿌리는 사람〉을 감상한 뒤, 아이들에게 일기를 써보게 했습니다.

"너희가 씨 뿌리는 사람이라 생각하고 일기를 써도 되고, 씨 뿌리는 사람을 보고 있는 가상의 인물이라 생각하고 일기를 써도 괜찮아. 자신이 마음에 드는 관점 하나를 골라 그 인물이 되었다고 상상해서 일기를 써보자."

다음 글들은 각각 세 아이가 쓴 일기입니다.

우울한 하늘 아래서 오늘도 나는 씨를 뿌린다. 어느 날 이런 생각이 들었다. 나는 왜 씨를 뿌릴까? 메마른 땅에 씨를 뿌리는 건 정말 힘든 일이다. 나는 땀을 흘리며 열심히 일하는데, 왜 아직도 가난할까? 세상이 너무 불공평하다.

_박준성

오늘 아침에 나는 눈을 뜨자마자 너무 기뻤다. 왜냐하면, 오늘 나의 친척들이 놀러 오기 때문이다. 나는 얼른 밭으로 가서 씨 뿌리는 일을 했다. 이 일을 빨리 끝내고 집으로 돌아가 요리를 하고 싶었다. 나는 기뻐서 춤을 추며 씨를 뿌렸다. 노래를 부르면서 씨를 뿌리다 보니, 일이 다 끝났다. 어느새 일이 끝나 나는 노을을 보면서 집에 돌아왔다.

_김민교

한 청년이 씨를 뿌리고 있다. 함께 일하는 가족이 없는 것을 보니, 이 청년은 혼자 사는 것 같다. 저 뒤에 보이는 집이 바로 청년의 집인가 보다. 청년은 더운 햇볕 때문에 땀을 뻘뻘 흘린다. 씨 뿌리는 일이 힘들어 보인다. 청년의 표정에서 괴롭고 슬픈 느낌이 전해진다.

_최유나

준성이와 민교는 씨 뿌리는 사람의 관점으로 썼고, 유나는 씨 뿌리는 사람을 보고 있는 고흐의 관점으로 썼네요. 각자의 관점에서 아이들은 어떤 것들을 새롭게 보게 됐을까요? 준성이는 고흐가 표현한 노란 하늘에서 우울함을, 땅의 파란색에서 메마름을 보았습니다. 유나는 하늘의 노란 붓 자국에서 햇볕이 쨍쨍 내리쬐는 무더위를 보았고, 그 무더위 속에서 일하는 청년의 괴로운 마음을 봤습니다. 아이들은 같은 그림을 봤는데도 각기 다른 것들을 발견했습니다. 이처럼 질문은 아이들에게 새로운 것을 발견하게 해주고, 새로운 발견은 새로운 생각들을 만들게 해줍니다.

부록. 스스로 생각하는 아이를 위한 추천 도서

그림을 자세히 관찰하기 좋은 그림책

• 추천 연령 : 취학 전~초등 저학년
『이야기 기다리던 이야기』 마리안나 코포 글·그림 | 딸기책방
『달 샤베트』 백희나 글·그림 | 책읽는곰
『엘리베이터』 경혜원 글·그림 | 시공주니어
『종이 봉지 공주』 로버트 문치 글 | 마이클 마첸코 그림 | 김태희 옮김 | 비룡소
『어린 산책자를 위한 아름다운 동물 도감』 마리아 아나 페이시 디아스·이네스 테이셰이라 도 로사리오 글 | 베르나르두 P. 카르발류 그림 | 손영인 옮김 | 우리학교
『어린 산책자를 위한 아름다운 자연 도감』 마리아 아나 페이시 디아스·이네스 테이셰이라 도 로사리오 글 | 베르나르두 P. 카르발류 그림 | 손영인 옮김 | 우리학교

낯선 시각을 통해 아이의 상상력을 자극하는 그림책

• 추천 연령 : 취학 전~초등 저학년
『진짜 투명인간』 레미 쿠르종 글·그림 | 이정주 옮김 | 씨드북
『파란 아이 이안』 이소영 글·그림 | 시공주니어
『우리 엄마』 앤서니 브라운 글·그림 | 허은미 옮김 | 웅진주니어
『우리 아빠』 앤서니 브라운 글·그림 | 공경희 옮김 | 웅진주니어
『굴뚝 귀신』 이소영 글·그림 | 엔씨소프트
『커다란 커다란』 명수정 글·그림 | 글로연

• 함께하면 좋은 채널 : 네이버TV [그집 아들 독서법]
그림책 읽자!! 『이야기 기다리던 이야기』
그림책 읽자!! 『엘리베이터』

• 함께하면 좋은 채널 : 팟캐스트 [그집 아들 독서법]
42부. 교과서 수록 도서 2 『종이 봉지 공주』
47부. 교과서 수록 도서 5 『진짜 투명인간』

인물의 특징이 뚜렷하고 스토리도 재미있는 서양 고전

• 추천 연령 : 초등 중·고학년
『바보 이반』 레프 톨스토이
『크리스마스 캐럴』 찰스 디킨스
『정글북』 러디어드 키플링
『오즈의 마법사』 프랭크 바움

중학교 교과서 수록 도서이자 청소년 필독 도서로 선정되는 대표 성장 소설

• 추천 연령 : 초등 중·고학년
『자전거 도둑』 박완서
『소나기』 황순원
『동백꽃』 김유정
『몽실 언니』 권정생

• 함께하면 좋은 채널 : 팟캐스트 [그 집 아들 독서법]
21부. 당신의 마법사는 누구인가요?『오즈의 마법사』
58부. 수남이 같은 아이가 그리운 오늘『자전거 도둑』
62부. 동물과 사람2 내가 누구인지 스스로 정한다『정글북』
1부. 전쟁 그리고 삶3『몽실 언니』

고전 필독 도서에 빠지지 않는 대표적인 고전 소설

• 추천 연령 : 초등 중·고학년
『홍길동전』 허균
『허생전』 박지원
『심청전』 작자 미상
『토끼전』 작자 미상
『흥부놀부전』 작자 미상
『작은 아씨들』 루이자 메이 올컷
『빨간 머리 앤』 루시 모드 몽고메리
『프랑켄슈타인』 메리 셸리

부록

『레미제라블』빅토르 위고
『허클베리 핀의 모험』마크 트웨인

- 함께하면좋은채널 : 팟캐스트 [그집아들 독서법]
30부. 괴물 2 무엇이 괴물을 만드는가『프랑켄슈타인』
56부. 고전 1 심청전 속 인싸와 아싸는 누굴까?『심청전』
57부. 고전 2 바다와 육지, 당신의 선택은?『토생전』

2019년 우수과학도서 선정 도서

- 추천 연령 : 초등 전체
『자연을 담은 색, 색이 만든 세상』송지혜 글 | 박진주 외 4인 그림 | 생각하는아이지
『괭이갈매기도 모르는 독도 이야기』박지환 글 | 허현경 그림 | 한겨레아이들

- 추천 연령 : 초등 중·고학년
『지구인이 우주로 가는 방법』피에르 프랑수아 모리오 글 | 마틸드 조르주 그림 | 장석훈 옮김 | 라이카미
『최열 선생님의 미세먼지 이야기』최열 글 | 서용남 그림 | 다산어린이

다양한 세상의 문제를 인식하게 하는 교과서 수록 도서

- 추천 연령 : 초등 중·고학년
『지구촌 아름다운 거래 탐구생활』한수정 글 | 송하완 그림 | 파란자전거
『사라, 버스를 타다』윌리엄 밀러 글 | 존 워드 그림 | 박찬석 옮김 | 사계절

- 추천 연령 : 초등 저학년~중학년
『지켜라! 멸종 위기의 동식물』백은영 글 | 허라미 그림 | 뭉치
『무기 팔지 마세요!』위기철 글 | 이희재 그림 | 현북스

다양한 문제 해결 방법을 파악하기 좋은 책

• 추천 연령 : 초등 전체
『세상을 바꾸는 아이들』 안 얀켈리오비치 글 | 얀 아르튀스-베르트랑 사진 | 김윤진 옮김 | 파란자전거
『우리 가족 인권 선언 시리즈』 엘리자베스 브라미 글 | 에스텔 비용-스파뇰 그림 | 박정연 옮김 | 노란돼지

• 추천 연령 : 초등 중·고학년
『있다면? 없다면!』 꿈꾸는 과학, 정재승 공저 | 정훈이 그림 | 푸른숲주니어
『발명을 부탁해』 이승택 외 3인 저 | 꿈결

• 함께하면 좋은 채널 : 팟캐스트 [그집아들 독서법]
48부. 교과서 수록 도서 6 『사라, 버스를 타다』
52부. 성장 3 독서로 생각이 성장하다 『왕자와 거지』

예술 감상에 도움이 되는 책

• 추천 연령 : 초등 전체
『미술관에 가고 싶어지는 미술책』 김영숙 | 휴머니스트
『나의 미술관』 조안 리우 글·그림 | 단추
『미술관에서 읽는 그리스 신화』 김영숙 | 휴먼어린이
『미술관에 간 역사 박물관에 간 명화』 박수현 | 문학동네

• 함께하면 좋은 채널 : 팟캐스트 [그집아들 독서법]
112부. 그리스 로마 신화 #6 미노타우르스
113부. 그리스 로마 신화 #7 황금 손의 미다스 왕

초등 질문의 힘

1판 1쇄 발행 2021년 5월 31일
1판 2쇄 발행 2025년 6월 4일

지은이 이지연
펴낸이 고병욱

펴낸곳 청림출판(주)
등록 제2023-000081호

본사 04799 서울시 성동구 아차산로17길 49 1010호 청림출판(주)
제2사옥 10881 경기도 파주시 회동길 173 청림아트스페이스
전화 02-546-4341 **팩스** 02-546-8053

홈페이지 www.chungrim.com **이메일** life@chungrim.com
인스타그램 @ch_daily_mom **블로그** blog.naver.com/chungrimlife
페이스북 www.facebook.com/chungrimlife

ⓒ 이지연, 2021

ISBN 979-11-88700-82-0 03590

※ 이 책은 저작권법에 따라 보호를 받는 저작물이므로 무단 전재와 무단 복제를 금합니다.
※ 책값은 뒤표지에 있습니다. 잘못된 책은 구입하신 서점에서 바꾸어 드립니다.
※ 청림Life는 청림출판(주)의 논픽션·실용도서 전문 브랜드입니다.